书山有路勤为径，优质资源伴你行

注册世纪波学院会员，享精品图书增值服务

独创性的角度，直击销售痛点

JOLT效应
攻克客户的犹豫不决

[美] 马修·迪克森（Matthew Dixon）
特德·麦肯纳（Ted McKenna） 著

贾津杰 杨 光 译

THE
JOLT EFFECT
How High Performers
Overcome Customer Indecision

电子工业出版社
Publishing House of Electronics Industry
北京·BEIJING

版权贸易合同登记号　图字：01-2022-6255

图书在版编目（CIP）数据

JOLT效应：攻克客户的犹豫不决 /（美）马修·迪克森（Matthew Dixon），（美）特德·麦肯纳（Ted McKenna）著；贾津杰，杨光译. 一北京：电子工业出版社，2023.9（2025.10重印）

书名原文：The JOLT Effect: How High Performers Overcome Customer Indecision
ISBN 978-7-121-46224-5

Ⅰ.①J… Ⅱ.①马… ②特… ③贾… ④杨… Ⅲ.①销售－通俗读物 Ⅳ.①F713.3-49

中国国家版本馆CIP数据核字（2023）第168423号

责任编辑：卢小雷
印　　刷：北京建宏印刷有限公司
装　　订：北京建宏印刷有限公司
出版发行：电子工业出版社
　　　　　北京市海淀区万寿路173信箱　邮编100036
开　　本：720×1000　1/16　印张：14　字数：167千字
版　　次：2023年9月第1版
印　　次：2025年10月第3次印刷
定　　价：79.00元

凡所购买电子工业出版社图书有缺损问题，请向购买书店调换。若书店售缺，请与本社发行部联系，联系及邮购电话：（010）88254888，88258888。

质量投诉请发邮件至zlts@phei.com.cn，盗版侵权举报请发邮件至dbqq@phei.com.cn。

本书咨询联系方式：（010）88254199，sjb@phei.com.cn。

译者序

我在外资企业从事B2B销售工作二十多年，有幸对销售和销售管理工作进行了近距离的观察。我总有一个印象：大多数中国本土企业的销售领导者对销售方法普遍不够重视。他们似乎都更看重销售工作所需具备的知识、个人特质和主观能动性等基础因素，而不够重视销售方法，即如何在销售过程中更有效地与客户互动和沟通以达成交易。这是一个遗憾，因为巨大的销售增长机会可能因此而被错过了。对于饱受疫情和全球经济退潮困扰的企业而言，这是一个难以接受的事实。

与这些国内企业的做法形成巨大反差的是，外资企业尤其是欧美企业非常确信，就像企业里的其他业务一样，销售工作也有其自身的规律可循，基于经验和最佳实践的销售方法是可以复制和传习的。外资企业的销售组织是非常重视销售方法及其培训的。我在外资企业从事销售工作的这二十多年中，参加过很多次关于销售转型的项目和无数的销售培训，其中大多都是围绕提升销售技巧和方法的。从早期的顾问式销售（SPIN Selling）、策略销售（Strategic Selling）到价值销售

（Value-based Selling），以及近年来因应B2B市场变化而出现的挑战式销售（Challenger Selling）……这些外资企业非常重视销售方法，可以说到了"武装到牙齿"的地步！

当然，这给他们带来了巨大的经济回报。从制药到消费品、从IT到汽车、从工程机械到半导体……很多行业的国际知名企业之所以能在各自领域攻城略地和傲视群雄，固然与其先进的技术和产品力密不可分，但同时也必须看到，注重并投资于销售方法也绝对是功不可没的。这一点，值得本土企业的销售领导者深思。

在国内，专门针对销售方法的研究和书籍少之又少。这客观上反映出企业对这方面的关注程度。这是触发我们翻译这本书的直接原因。我们希望尽个人的绵薄之力，或多或少引起企业销售领导者对于销售方法的重视，并将我们认为优秀的销售理念和方法引入，让更多希望提升销售有效性的企业受益。

本书的作者马修·迪克森是前CEB（现为Gartner）公司的销售实践研究总负责人，著名的畅销书《挑战式销售》（*The Challenger Sale*）、《挑战式客户》（*The Challenger Customer*）和《轻松体验》（*The Effortless Experience*）的作者，公认的当代销售界的思想领袖和企业顾问。借助最新的科技、工具和方法，基于大数据分析，往往会产生异于直觉和已知经验的颠覆性发现。正是由于这种颠覆性，建立其上的方法才能为企业更好地建立自身的差异性和竞争优势。今天，越来越多的世界500强企业在马修·迪克森的研究成果中发现了这种价值。挑战式销售在众多全球性客户中的推广和实施就是一个很好的证明。

本书的诞生过程，亦保持了与以往一贯的风格。在销售研究中的一次意外经历，让马修和他的研究团队确立了本书的研究方向，并最终得到了一项与绝大多数销售人员的认知和经验迥然不同的突破性发现：在那些因没有决策而流失的交易中，没有成功说服客户改变现状，并不是造成客户最终没有采取行动的唯一原因；事实上可能还有一项更重要的原因，客户因为害怕决策失败而引发的犹豫不决！有销售工作经验的读者可能会恍然大悟，为什么那么多客户明明已经表明了要购买，最终交易还是以客户没有采取行动而不了了之！此前由于缺乏这项研究，在面对客户的犹豫不决时，大多数销售人员基于传统销售智慧所采取的"试图继续说服客户改变现状"的对策不仅没有帮助缓解这个问题，恰恰相反，他们起到了反效果——客户变得更加犹豫并且最终什么决定也没做！因此，如果你的企业正在面临销售赢率的困境，有太多的销售交易因为客户没有决定而拖延并最终莫名其妙地流失；如果你希望知道到底是什么原因造成销售机会迟迟没有决定及其应对策略；如果你希望弥合客户从购买意图到采取行动之间的差距以达成更多交易；甚至，如果你想减少客户决策后又反悔的情况并因此进一步改善客户的忠诚度……这本充满令人信服的数据、异于直觉的洞察以及实操指导的书籍，将逐一为你解开其中的奥秘，揭示背后的心理和社会科学层面的原因，并系统地阐述如何有效地攻克这些难题！

随着客户决策环境和趋势的变化，以及作为买方的客户在不断进步，B2B销售已经进化到"深度销售"的阶段。当今的销售人员不仅需要说服客户改变现状，同时也需要意识到，成功地说服客户建立改

变的意图并不等于达成了交易。事实和数据证明，他们需要增加一套
"新的剧本"，用来攻克客户的犹豫不决，从而帮助他们跨越从意图
到行动这道鸿沟，以顺利地达成更多交易。

需要特别强调一点，本书的发现，针对的是解决传统销售研究和
培训中未曾涉及的一个新课题——攻克客户的犹豫不决。因此无论你
的企业正在采用哪种销售方法（传统销售方法的重点几乎都围绕如何
说服客户改变现状），都可以借鉴本书提出的JOLT方法（该方法可看
作对目前已有销售方法的叠加和增强），而不必担心需要改弦易张、
另起炉灶。

特别感谢这次翻译出版的合作方——电子工业出版社。各位编辑
的大力支持，特别是负责本书翻译接洽的卢小雷编辑提供的有益建议
和输入，使得本书的翻译过程更加顺利、高效。合作过程很愉快，在
此表示衷心的感谢！

希望读者阅读愉快，并真正从中获得启发和收益。

杨光

2023年4月10日于广州

序

独一无二的时刻

如果说有一项研究是令每个销售研究人员都羡慕的，那就是尼尔·雷克汉姆（Neil Rackham）教授在其《SPIN 销售》（*SPIN Selling*）一书中记录的他和团队所做的开创性研究。这项研究耗时12年，通过对35000次销售拜访的观察和116个独特因素的评估，分析了它们对销售结果的潜在影响。这项研究花费了100多万美元。三十多年来，这项研究一直被认为是销售研究的黄金标准。这是一项广泛、深入、资源密集型的研究，甚至没有人敢问它是否可以重复，更不用说超越了。

此项研究的挑战并不在于拜访次数或研究中的变量数量。得益于大数据分析、机器学习和GPU驱动的处理技术的进步，研究更大的数据集和考虑比雷克汉姆团队多得多的因素已经成为可能。问题的关键在于，许多销售对话，尤其是最关键的对话，都是在客户的办公室里进行的。因此，收集数据意味着要走遍世界各地，亲身参与销售会议，观察正在发生的事情。考虑到所需的成本、时间和资源，尤其是考虑到这样一项研究的不确定结果，没有哪个组织会赞助这样的研究。

但在2020年春天，由于新冠疫情大流行，世界进入了封锁状态，所有销售工作几乎在一夜之间都变成了线上的活动。

对于像我们这样的销售研究人员来说，这是一个千载难逢的机会。

我们的研究团队与几十家公司合作，收集了在Zoom、Teams和Webex等平台以及世界各地公司使用的几十个定制录音平台上记录的数百万次销售对话，并利用自动语音识别将这些录音中的非结构化音频转换为非结构化文本。然后，通过机器学习技术，我们对这些数据进行了结构化处理，对这些销售对话的超过8300个独特因素进行了标记。最后，我们通过算法，确定了这些因素中哪些与销售业绩有关，哪些与销售业绩无关。

我们从此次分析中获得的是一个完全出乎意料的故事。

前言 / 停滞不前

　　自从有销售培训和销售书籍以来，销售界一直专注于一个目标：如何使客户不再安于现状？

　　关注如何使客户不再安于现状有非常高的价值。毕竟，这是一个可怕的敌人——销售人员一直都败给它。人类天生有一种根深蒂固的偏好，希望事物保持原样。我们都知道，客户经常会放弃那些已经被明确证明对他们更好的机会。

　　因此，企业在销售培训、辅导和赋能上花了数不清的时间和资金——让销售人员帮助客户改变现状——就不足为奇了。销售组织用更好的话术、更严密的价值主张、客户案例研究、回顾、推荐信、投资回报率计算公式和异议等来"武装"销售人员——所有这些都是为了帮助客户跨过那道坎，从安于现状和日复一日的重复到让他们对销售人员的报价说"好"并做出改变。

　　当然，关于如何做到这一点，也从不缺乏有价值的观点。有人认为建立信任最为重要，也有人主张对客户需求进行诊断最为重要。事实上，这正是我们在十多年前的《挑战式销售》（*The Challenger Sale*）一书中所写的问题。在本书中，我们揭示了一个事实，最好的销售人员——挑战者，将给客户带来颠覆性、启发性的洞察。这些洞察重塑了客户关于如何提高收入、节约成本或消除风险的思维。这些最具天赋的销售人员发现，让客户采取行动的最佳方法是让他们知道"维持现状的痛苦比改变现状的痛苦更甚"。

然而，这并不是本书的主题。

本书讲的是，当今销售人员面临的一个更新、更糟糕、看起来更无解的问题：客户认同现状需要改变，也认可你提供的是唯一能帮助他们实现目标的解决方案，同时整个采购委员会都达成了一致……而你仍然无法让客户在合同上签下他们的名字！

而且，这种现象发生的频率比你想象的要高！

在我们的研究中，有40%~60%的销售商机最终陷入了一种"客户无行动"的未知状态。要知道，这些客户可都经历了整个销售过程——消耗了卖方宝贵的时间和组织资源，甚至可能还参与了扩展的项目试点或概念验证实验，只是最终没能达成交易。

在这种情况下——销售人员已经打破了客户的现状，赢得了差异化竞争的战斗，客户也同意选择他们的解决方案……但就是不买单，销售人员要做什么？当销售人员费尽心思争取到的交易无果而终时，当交易最终以客户说"还需要考虑一下"，而不是以签字结束时，他们又该怎么做呢？

我们的研究表明，销售人员做的正是他们多年来被培训和教导的事情。

当客户犹豫不决、临阵退缩时，销售人员往往会依靠他们认为有用的各种方法。销售人员认为，这一定是因为他们没有成功地说服客户要改变现状，或者客户并没有完全意识到他们的解决方案所要解决问题的严重性，或者客户可能还没有看到自己公司的解决方案比竞争对手的解决方案的高明之处。于是，销售人员使出浑身解数，试图向客户证明他们的解决方案将在多方面帮助客户获得成功。而且，到了紧要关头，他们还会念出"FUD"［恐惧（Fear）、不确定（Uncertainty）和怀疑（Doubt）］的紧箍咒，即利用客户害怕错失良机的心理。他们会想办法让客户知道，如果今天不签字，客户将损失惨重。但事与愿违，他们其实只是制造并贩卖焦虑，让客户别无选择，只能放弃。

然而，我们的研究也十分明显地表明：这些都不起作用。事实上，对于从公司最高层到经理再到销售人员，这些流传了几十年的陈旧的销售策略不仅没有起作用，而且对"促进客户不再观望、下定决心"的目标起了反作用！

为什么会这样呢？

这是我们的研究团队花了一年多的时间试图回答的问题。

在这个过程中，我们发现了一些真正令人惊讶的事情。销售人员一直被教导：客户安于现状不是他们唯一的敌人就是他们最大的敌人。而事实上两者都不是。

我们的研究证明，客户选择安于现状只是导致交易最终无法达成的两个可能原因之一。实际上，这只是两个原因中威胁较小的一个。毫无疑问，客户安于现状是每个销售人员想要销售任何东西都必须克服的一个重要障碍，但还有第二个更具有挑战性的障碍，即使在客户安于现状的障碍被克服后仍然存在，那就是，客户自己无法做决策！

是什么让客户的犹豫不决成为销售人员最大的威胁？

首先，无法做决策比安于现状的偏好更能牢牢地抓住客户的心理。安于现状是由一组有力的人类偏好驱动的，简单地说，这会导致客户希望事物保持原样。然而，客户的犹豫不决是由一种独立的、截然不同的心理效应所驱动的。这种心理效应被称为"忽略偏好"，即客户希望避免犯错。在这两者中，忽略偏好更能牢牢地抓住客户的心理，因此也就成为销售人员更难以克服的障碍。事实上，从统计数据来看，在因客户毫无行动而告终的销售商机中，客户的犹豫不决的占比要比安于现状大。事实证明，比起"错过"机会，客户更担心的是"做错"（把事情搞砸）。

其次，客户的犹豫不决是销售人员很难察觉到的。客户可以很自然地毫不掩饰他们对现状的偏好——他们相信目前的做事方式是完美的，或者他们不认可供应商的解决方案是一个更有说服力的替代方案。但对于自己的犹豫不决，他们就不会这样明说了。因为犹豫不决是由深层的个人恐惧驱动的，所以客户不会轻易与销售人员谈论。事实上，客户往往都没有意识到他们正在与之斗争。然而，我们的数据显示，它无处不在。近87%的销售商机包含了中度或高度的犹豫不决。而且它是"有毒的"：随着犹豫不决程度的加剧，销售赢率会直线下降。

再次，随着客户购买环境的变化，导致犹豫不决的驱动因素变得越来越显著。客户对现状的偏好是销售中一个不变的、恒定的障碍。然而，随着时间的推移，它既没有变得更好，也没有变得更糟。今天的客户就像20年前或20年后的客户一样偏好现状。但导致犹豫不决的有一系列不同的心理驱动因素。这些因素由我们无法控制的环境因素推动。随着可供客户选择的选项数量的增加、可供研究这些选项的信息量的增加，以及供应商解决方案的成本和风险的持续上升，客户变得越来越无法做决策，最终"什么都不做"的可能性也在上升。

最后，客户犹豫不决给今天的销售人员带来巨大挑战的最后一个原因（可能也是最令人不安的）是，销售人员自己在不知不觉中造成了这个问题！因为传统观念认为，客户安于现状是销售人员面临的最大障碍，所以销售人员在进行销售时只会使用一种方法。但克服客户犹豫不决的障碍，需要一种与打破现状完全不同的方法。打破现状需要引发客户对安于现状、不做改变（不购买）的担心，而克服犹豫不决的障碍需要消除客户对做出采购决策的恐惧。而且，我们的研究表明，如果在销售过程中使用了错误的方法，可能产生适得其反的严重后果。在客户无法做决策时，如果销售人员还用传统的打破现状的那一套方法，他们实际上会让客户变得更加犹豫不决，因此增加了交易最终停滞和夭折的可能性。然而，对于那些被教导并相信他们唯一真正的敌人是客户安于现状的销售人员来说，他们很有可能只会这么做。

那么，销售人员该如何与一个他们不知如何识别、如何抗击的"敌人"作战呢？

在这里，我们采取的是惯用的方法：看看明星销售人员在实践中总结出来的经验教训。多年来的研究表明，优秀的销售人员有种特殊的才能，即使在无章可循的情况下，他们也能找出解决系统性问题的新方法。他们在适应新挑战和克服障碍方面很有天赋。研究人员经常把这种现象称为"领航者效应"：群体中的领导者在发现新的障碍和机会时会改变方向，群体中的其他人也会跟着改变方向。所以，如果你想知道未来每个人会做什么，看看领导者现在在做什么吧。

正如尼尔·雷克汉姆的开创性著作《SPIN 销售》所讲述的，顶级销售人员在几年前销售机构给销售人员培训解决方案销售技巧的时候，就找到了如何向客户销售更复杂的解决方案的方法。在《挑战式销售》一书中，我们探讨了顶级销售人员如何应对客户自己进行研究、在销售流程的后期才联系销售人员并迫使销售人员进行价格竞争的问题（一个近年来销售人员面临的越发严重的问题）。在《挑战式客户》（The Challenger Customer）一书中，我们分享了一项研究，关于优秀的销售人员如何克服如今进行销售工作的另一个障碍：参与客户采购决策的利益相关者越来越多。

也许并不令人惊讶，尽管从来没有人教过他们如何做，但是优秀的销售人员在实践中摸索出了一套克服客户犹豫不决障碍并赢得销售的方法！

在一项史无前例的研究中，我们的研究团队使用机器学习技术，研究了不同行业的数百万次销售对话。结果是：一种新方法，它基于高绩效的销售人员用来克服客户犹豫不决障碍的四种独特行为。这不是一套销售明星在更高技能水平上所展示的传统销售技巧。实际上，这里面的许多销售技巧和行为与销售培训师多年来一直教导和强化的克服客户安于现状的销售技巧和行为背道而驰。

它们合在一起，形成了一种新的方法，我们称之为JOLT方法，这是专门为克服客户犹豫不决的障碍而开发的。

对于销售领导者、经理和销售人员来说，这绝对是一个值得解决的问题。毫不夸张地说，找到一种方法来克服客户犹豫不决的障碍——缩小"我想要"和"我决定行动了"之间的差距——将是改变平庸的销售业绩、实现快速增长的最佳机会。

在本书中，我们将与你分享有关客户犹豫不决对销售结果影响的研究，这是社会科学的范畴，它解释了为什么使用传统的方法来克服客户犹豫不决的障碍会适得其反；面对销售人员在市场中遇到的客户犹豫不决的"种种迹象"，高绩效的销售人员会采取哪些行为来克服障碍，以及如何在你的销售机构中实践JOLT方法。

我们希望你继续读下去，相信你会和我们一样，对我们的发现感到惊讶并深受鼓舞。最重要的是，你会找到一条新的途径，达成比你想象中更高的销售业绩。

目录 /

01

第1章

无为的悖论

有时候，一个最小的事件会以出乎意料的方式改变一个庞大的、有计划的项目进程。

这正是发生在我们身上的故事。

在研究早期，当研究结果开始从我们的机器学习平台源源不断地输出，而我们正努力试图理解这些输出信息的意义时，我们接受了一个邀请，和一位我们认识多年的销售领导者一起，参加她的一次销售漏斗评审会。我们一直非常钦佩这位销售领导者的销售直觉。这位销售领导者从大型计算机和网络设备销售时期初获经验，如今管理着云计算行业中最大、最成功的销售机构之一。

销售漏斗评审会一开始如常进行，但随后发生了一些奇怪的事情。一位经验丰富的销售人员因为一个商机正被不断盘问。在过去两个季度，他曾预测会有一笔大交易完成，但交易被不断推迟。这位销售人员似乎把一切都做对了：他成功地向客户揭示了一个被他们忽略的机会，并且这个机会只有通过他所在公司的解决方案才能实现；他帮助客户成功地验证了一个概念，赢得了客户组织内技术用户的支持；他还成功地说服了疑虑重重的采购委员会——证明了该解决方案的投资回报率，并捍卫了公司独特的差异化优势和价值主张。他的客户告诉他，他们已经准备好进行下一步了。

但突然之间，这笔交易的进展停了下来。停滞从几周变成了几个月，又从几个月变成了几个季度。客户从与销售人员频繁互动，变成通常在邮件发送数天后才返回一个敷衍的回复。在销售人员收到的最后一封邮件中，客户说："事情的优先级发生了一些变化。我们也许需要到明年再来讨论这个话题了。"曾经看起来板上钉钉的项目，现在似乎又成了一笔即将以不了了之而告终的交易。于是，在随后的会议中，讨论变成了是放弃还是继续投入更多时间和资源以赢得销售。

就在这时候，那位销售领导者问了一个令大家都感到惊讶的问题。

"你认为，交易无法达成是因为客户决定维持现状，还是因为他们对改变现状犹豫不决？"她问道。

"我不太明白"，这位销售人员回答说，"这之间有什么区别？"

"实际上区别可大了！"她说。

就这样，我们的整个研究有了新的意义。刚结束这次会议，我们的团队就着手工作，希望通过数据来验证她的论断。

从第一遍梳理数据开始，我们就注意到，在我们所收集的销售对话中有一些非常奇怪的事情发生——一些在我们意料之外，甚至在参加那次销售漏斗评审会之前根本没有想到去发现的东西：绝大多数客户说他们准备好了购买，但销售人员最终仍然失去了这些机会。

销售中真正的敌人

关于最佳的销售方法，一直存在着各种各样的意见，但大家对于"客户安于现状是每个销售人员最大的敌人"这个观点从来没有任何异议。

虽然销售人员必须与许多同行竞争，但与客户渴望保持现状和他们根深蒂固地厌恶改变所构成的威胁相比，这些都相形见绌。由于这个原因，销售机构投入了大量的时间和资源来武装他们的销售人员，以帮助他们打破现状。这几乎成为每一门销售培训课、一对一的辅导，以及给销售人员鼓舞士气的重点。这是每一项内容——从信息传递到案例研究，再到证明要点和投资回报计算器——都针对的"敌人"。可以毫不夸张地说，打破现状已经成为地球上几乎所有销售机构的唯一战斗口号。

因此，在销售中，当一笔交易最终停滞不前继而不了了之时，似乎唯一可能的解释是销售人员未能克服客户安于现状的障碍。

然而，我们所发现的并非如此。

当查看我们研究中所有被标记为"客户无行动"的失败交易时，一幅完全不同于销售人员所描绘的画面出现了。尽管客户安于现状的偏好是导致一笔交易以不了了之而告终的一大障碍，但这并不是唯一的原因！事实上，我们还发现了第二个原因：客户自己没有能力做决策。或者，简单地说，是因为客户犹豫不决。（见图1.1）

但更令人惊讶的是，在这两个驱动因素中，犹豫不决居然比安于现状造成的损失更大。在我们研究的所有交易中，我们发现只有44%的交易失败是因为客户最终选择安于现状而没有采取行动——要么不相信现状糟糕到需要改变的程度，要么不认可供应商的解决方案提供了一个更优的选择；有56%的交易失败是因为客户希望采纳供应商的解决方案以改变现状，但因为这样或那样的原因，客户不愿意或无法做决策（见栏目"我们是如何进行研究的"）。

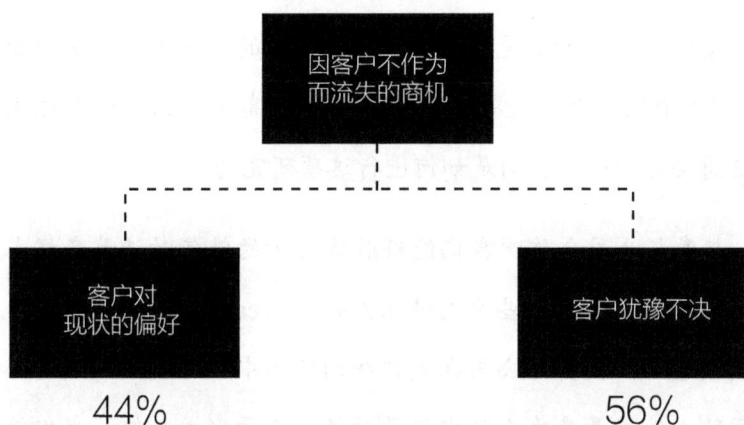

因客户不作为
而流失的商机

客户对
现状的偏好

客户犹豫不决

44%

56%

图1.1　因客户不作为而丢单的根源分析

销售人员一直都被教导客户安于现状是他们销售工作的最大敌人。而"客户对现状的偏好造成的损失只占交易无法达成造成的损失的44%"。这一发现令他们非常震惊，同时也令他们非常不安。读者可能会问一个显而易见的问题——那我们如何克服客户犹豫不决障碍呢？很明显，这将是本书接下来内容的重点。但为了理解克服犹豫不决障碍的重要性，我们首先需要理解犹豫不决与客户安于现状的偏好有何本质的不同。

我们是如何进行研究的

为了更好地理解最佳销售人员是如何克服客户犹豫不决障碍的，我们在Tethr（对话智能软件公司）的研究团队结合了自动语音识别、自然语言处理和机器学习技术，研究了来自不同行业的数十家公司的250多万个销售对话。这些对话既包含简单的交易型销售（通常是客户主动呼入的交易），也包含高度复杂的"解决方案销售"（主要是销售人员主动出击的外向型销售）。因为对250万个销售对话进行分析的想法似乎高深莫测，所以这里有必要简要解释一下我们是如何进行这项研究的。

与参与公司合作，我们能够收集大量的销售对话录音样本。在我们的研究中，一些公司使用Zoom、Teams或Webex等平台来录制销售对话。其他公司在更传统的呼叫中心环境下（如内部销售团队）使用录音平台集中记录对话。不管形式如何，我们将这些公司发送给我们的非结构化音频录音，使用转录引擎将其转换为非结构化文本。然后，通过对数据赋予一定的结构，我们使用机器学习平台来识别某些行为、动作或"事件"在对话的什么时间和什么地方出现。例如，我们训练平台识别什么情况是客户表达对价格的顾虑，什么时候是销售人员在诊断客户的需求。总的来说，我们训练机器识别几百个这样的概念。

识别非结构化文本中的微妙概念差异是复杂的。举个例子，一位客户表达了对卖方产品价格的顾虑。如果你仔细想想，表示"我觉得太贵了"这样的说法就有几百个。关键是训练机器首先识别所有可能用到的短语、话语和发音，然后教它区分哪些才是客户对价格顾虑的精准表述方法（如英文That's too rich for my blood），而哪些不是（如英文That's rich coming from you）。几年来，在Tethr的研究团队为了产生极高精准度的结果，一直在致力于打磨机器学习平台所使用的训练集，以有效地减少误报的情况，如假阳性（例如，机器发现了一个概念，但事实上它发现的并不是该概念的精准表达）和假阴性（例如，机器因为没有受到过相应的训练来识别表达方式而无法捕捉到一个概念）。如果不这么做，你最终就会遇到一个"垃圾入，垃圾出"的问题，也就是说，分析中使用的基础数据被认为是不可靠的，那么由此得出的结论就会有问题。一旦机器在我们研究的销售对话中发现任何相关事件，它就会标记事件在对话中什么时间和什么地方发生。我们还考虑了组合或变量的"顺序"，并添加了几个实值变量（例如，销售人员的讲话时间、沉默时间、中断和过分谈论）。在我们的模型中，每个变量都可以作为一个独立变量来研究。

在我们研究的每一个销售对话中，我们还得到了参与研究的公司提供的"结果"变量——交易最终是否达成——以及相对于销售同行的业绩水平的数据。对于销售复杂解决方案的公司来说，"销售"包含一个通常较长的销售流程中的多个销售对话，因此我们收集了一个足够长的时间范围内的数据，以便包含一个完整的销售周期，然后在两端添加一些时间缓冲，确保我们研究的范围尽可能具备广泛的代表性。

最终我们把所有这些放在一起，得到了一个大规模回归模型。在这个模型中，我们可以非常准确地说出销售对话中到底发生了什么，导致了我们所研究的结果。该模型总共计算了8300多个自变量与"完成销售"的因变量之间的部分相关性。最终模型被证明能准确预测85%以上的结果。一旦确立了模型，我们就用大约250万个销售对话的更大数据集来测试这个模型。

现状的引力

就像我们在之前的销售漏斗评审会中所显示的，销售人员会认为，因为客户安于现状所导致的交易失败和客户犹豫不决所导致的交易失败是一回事。毕竟，它们的结果都是一样的——客户没有采取行动，并且很难分辨其中的区别。但我们的研究和几十年的社会科学研究明确地告诉我们，它们之间的区别非常大！认为它们之间没有区别，对于销售人员来说，将是一个代价高昂的错误。

现状偏好，简单地说，就是一个人对于维持事物现状的渴望。认知心理学和行为经济学领域几十年的研究，以及全世界每一个市场和行业的销售经验都告诉我们，这种偏好对我们人类有着巨大的影响。事实上，研究人员发现，人们即便在面临低转换成本和显然会让他们过得更好的选择时，仍然愿意选择维持现状。例如，在20世纪80年代末，经济学家威廉·萨缪尔森（William Samuelson）和理查德·泽克豪泽（Richard Zeckhauser）围绕着哈佛大学员工选择健康福利计划这件事做了一系列实验。他们发现，即使给员工提供一个远超目前的更好计划，有更好的免赔额和保额，那些任期更长的员工还是倾向于维持他们已经选择的计划（相比之下，明显有更多的新员工从选项菜单中选择那些更好的计划）。

有几个原因导致这种情况，但最主要的原因是改变需要努力。遗憾的是——特别是销售人员的工作恰恰是销售改变——人类从基因上就是懒惰的。几十年的生物医学生理学和运动机能学研究已经证明，"节能原则"是包括人类在内的动物与生俱来的。我们习惯于在任何活动中选择阻力最小的路径，选择尽可能减少能量消耗。生理学家杰西卡·塞林格（Jessica Selinger）和她的同事进行的一项有趣的研究表明，当安装了一种特殊的腿支架使正常行走变得更加困难时，参与者的神经系统会反射性地调整他们的步态，以减少热量消耗和费力程度，参与者甚至自己都没有意识到这种情况。找到阻力最小的路径是我们想都不用想就会做的事，这也是为什么让人们做出改变这么费力。

当我们觉得自己曾经错过了更好的选择时，维持现状的影响力就会变得更加明显。一旦一个人有放弃更好选择的记录，他们就更不可能对摆在他们眼前的客观上更好的选择采取行动，行为经济学家称之为"不作为惯性"。房地产经纪人经常看到这种情况：当买家放弃或错过他们梦想中的房子时，即使他们随后所看的房子从绝对意义上都比买家目前的更好，他们也会戴着有色眼镜看待这些选择。

销售人员对现状偏好并不陌生，因为他们在客户身上经常遇到这种情况。在我们的研究中，我们发现了无数的例子，客户退回到现状，并以此作为不采取行动的理由。具体来说，我们发现了三种特征的"现状偏好"。第一种是客户对他们的现状表达出实际而明确的偏好。"这个解决方案很有趣,"一位客户说,"不过,老实说,我们对目前的供应商非常满意。"另一位客户则指出他们已经在自家开发的解决方案上投入巨大:"我们投入了大量资源在公司内部开发自己的工具。当然,你们有很多功能是我们没有的,但公司的领导者是不会同意抛弃我们已经开发的东西的。"

我们发现的第二种现状偏好是客户不认可供应商的解决方案是一种足以令其改变的选择。一位客户直言不讳地说:"我在你们的软件和我们正在使用的软件之间没有看到太大区别。"有些客户则更委婉一些,但同样清晰地表明他们并不买账:"我真的很感谢你在我们这里花的时间,应该说你们所做的事情还是很有趣的。但是,如果要我们更换供应商,可还需要花一些工夫。我们可以保持联系,你们所描绘的产品路线图愿景还是非常令人兴奋的。"

最后,还有一些客户也同意他们的"A状态"是有问题的,而且供应商推销的"B状态"很有说服力,但他们仍然会选择维持现状,因为他们对其中牵扯的变化本身有顾虑。一位客户说:"如果你们有一根魔法棒,能立刻让我们从目前的平台切换到你们的平台,那就好办了!"另一位客户则表达了对于他们部门人手不足的顾虑,认为在人手不足的情况下承接这样一个项目太具有挑战性了。而另一位客户对承接类似的项目心有余悸,因为上一个项目花费了比供应商告知的实施时间多两倍的时间。尽管他也认为戴着有色眼镜看待此事不太合理,但仍然觉得这是他们维持现状的一个理由:"根据我们的经验,这些项目最终要花至少比我们被告知的时间多两倍的时间。这可能是我们自己的错，我知道拿它来针对你们不公平，但涉及此类项目时，公司总有人持怀疑态度。"

但客户对现状的偏好——尽管这已经让销售人员难以应付了，仍不是交易最后不了了之的主要原因。从研究中我们知道，更大的原因是客户无法或不愿意做决策！我们发现，在超过一半的销售商机中，客户表示他们打算改变现状，最终却什么也没做。为什么在销售人员的努力之下，已经下定决心要改变现状的客户仍然会对是否采取行动犹豫不决呢？

这与一种叫作"忽略偏好"的心理效应有关。

没人喜欢损失

忽略偏好源自心理学家称之为"损失规避"的概念，也被称为前景理论。在一系列著名的实验中，两位以色列心理学家和经济学家丹尼尔·卡尼曼（Daniel Kahneman）和阿莫斯·特沃斯基（Amos Tversky）证明，人们更看重将损失最小化的能力，而不是将收益最大化的能力。

例如，当卡尼曼和特沃斯基向受访者提供一个打赌的机会时，他们发现，人们更看重将获胜概率从90%提高到100%的机会，而不是将获胜概率从0%提高到10%或者从50%提高到60%的类似机会（见

图1.2）。这一发现与传统的经济理论大相径庭，传统的经济理论认为，人们会平等地重视上述的每一个增量改进，因为它们每一个都代表了相同的10%的改进。但是，卡尼曼和特沃斯基发现，这些改进机会给人们带来的感受是不一样的。获胜概率从90%提高到100%的改进往往在被调查者心目中得分更高，因为它意味着一个彻底消除损失可能性的机会，而这个机会在其他10%的改进情形中都不存在。人们不是根据收益最大化的能力来评估机会，而是根据损失最小化的能力来评估机会。两人在研究中甚至还发现，客户做出让他们规避损失决策的可能性，要比让他们做出实现收益决策的可能性高出2~3倍。

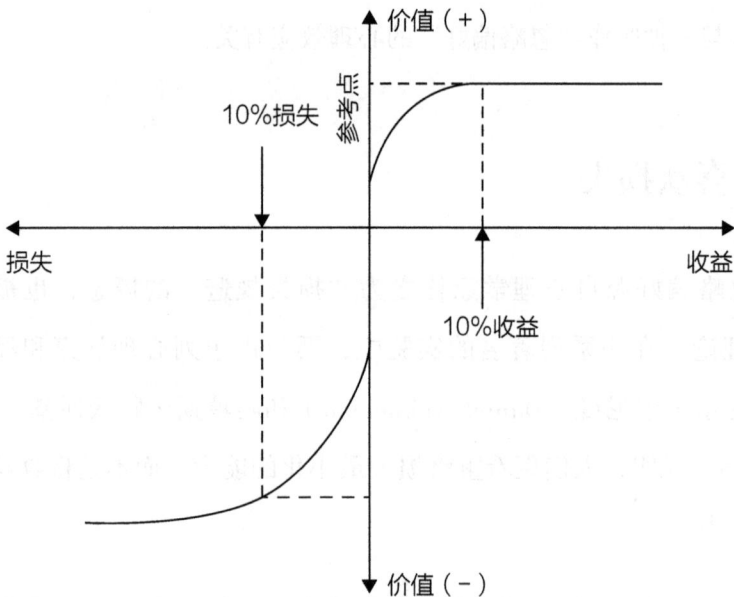

图1.2

一个简单的例子是，想象一下如果你捡到一张100美元的钞票，你会有什么感觉？然后把它与你失去一张100美元钞票的感觉做比较。理论上说，无论你是捡到了一张100美元的钞票还是丢了一张100美元的钞票，你的情绪感受程度都应该是相同的。毕竟，这两种情况中的任何一种，对你都是相同金额的影响。但我们大多数人的感觉根本不是这样的。实际是，当失去100美元时，我们感受到的消极情绪远远强于当我们得到同样多的钱时所感受到的积极情绪。卡尼曼解释道："人们更讨厌输，而不是喜欢赢。"

除此之外，他们的发现还有非常重要的一方面——大多数销售人员，即使是那些在应对客户的损失规避心理方面经验丰富的销售人员也没有意识到：损失还分不同的类型。

"做错"和"错过"

在他们的研究中，卡尼曼和特沃斯基发现，人们更看重因做错某件事而造成的损失（被称为"做错"），而不是因没做某件事而造成的损失（被称为"错过"）。这种现象被称为"忽略偏好"。简单地说，这种偏好会使人们认为，坏事因自己的行动而发生，要比坏事因自己的不作为而发生更糟糕，因而人们会感到更后悔。

试想一下这样的场景，当一位客户在做一项重大的采购决策时，如可能会改变业务方向的新的软件平台。与公司当前使用的系统相比，新软件似乎代表了一种可以避免高昂的维护成本和生产力低下的方法。现在，假设客户选择不做采购决策，结果导致公司错失了一个价值千万美元的绩效提升机会；考虑与此相反的情况，客户决定果断行事，签署了采购合同，但事与愿违，项目产生了反效果——不仅没有带来生产力的提升和公司业务的成长，反而导致了价值千万美元的损失。如果把你放在这位客户的位置，相比于第二种情况来说，你可能更愿意承担前一种价值千万美元的损失，尽管客观地说，两种情况下的损失是一样的。

所以，可以肯定，所有的客户都想规避损失。但是，他们真正想要避免的是因他们的行动而直接导致的损失。客户担心发生不好的事情是因为他们做了一些事情，胜过于发生不好的事情是因为他们什么都不做。结果，他们倾向于宁愿错过也不愿把事情做错。

为什么人们对于不犯错误如此在意

为什么客户会更看重由他们的行动造成的损失而不是由他们的不作为造成的损失？部分原因可以解释为，做错导致的损失明显而且直观。选择去做某事意味着决定不做其他的事。事实上，从思想层面就已经对其他的可能性关闭了大门。相比之下，错过是抽象的，它更难测量和观察。错过可能会导致损失——但在一段时间内你不会知道，甚至在某些情况下，你可能永远不知道这些损失是否会真的会发生。错过的损失具有延时性、后果未知的特点。而做错的损失很可能在你签下合同后不久就会找上门来。

另一种解释是，做错在某种意义上说是个人的，而错过则不是。做错的责任可以追究到个人头上——即使在复杂的B2B采购中，也总有一个人主持采购委员会，最终拍板做决策并签署协议。而错过可能是任何人的错。机会总是来来去去，人们很难指出犯错的人或犯错的时间。在维持现状的问题上，每个人都难辞其咎，但若要改变它，总有人要为之负责。

想想前面提到的例子，那位客户正在考虑引进一个新的软件平台。如果客户决定采购而项目搞砸了，最终责任会追究到签署协议和承诺投入预算与资源的这个人身上。但如果选择不采购，并因此失去了一个生产力提高和业务增长的机会呢？她可以说，在过去，也有许多其他的机会来升级系统，为什么我的前任不去做，更何况，采购委员会的其他成员也对此投资表示怀疑。相比做决策、采取行动，选择不做任何事情，人们可以有很多借口。

不过有趣的是，研究人员发现，随着时间的推移，错过在我们的脑海中开始变得比做错更加突出——随着时间的流逝，那些错过机会的代价开始从模糊、抽象逐渐转变为清晰、具象。同样，当一位客户回想起几年前他们没有做的决策时，那些错过的机会在他们的脑海中会比他们当年做过的决策更清晰地浮现。这类似于当人们被问及人生中最大的遗憾是什么时，他们总是会指出自己在人生中没有抓住的机会（例如，他们放弃的工作，他们没能去参加的音乐会，他们没买的房子，在大学里他们没有和心仪的人约会）。但是，这对于销售人员来说已经没有什么意义了。对他们来说，客户的采购决策只有在此时此地发生才有意义，而不是等客户在多年后的反思中才意识到他们犯了一个错误。他们需要的是客户在短期内做决策，不管是年底、季度末、月末，或者在电话结束时。

这项发现——客户安于现状的偏好和他们想要避免犯错的偏好其实是两码事——在销售行业之外的研究人员也早有记录。例如，心理学家伊艾娜·里托夫（Ilana Ritov）和乔纳森·巴伦（Jonathan Baron），早在20世纪90年代初发表的一项研究中，就试图把这两种心理效应区别对待。

"'现状偏好'这个词被用来形容人们对'什么都不做或维持目前或以前决策'的倾向。"他们写道，"很显然，这句话包含两层含义：人们倾向于保持事物的目前状态，以及人们不愿意采取改变目前状态的行动。"在他们的研究中，研究人员向参与者展示了不同的场景，在这些场景中，无论参与者是否采取行动，变化都会发生。他们发现，"参与者对因他们采取行动而导致的不良结果反应更强烈，即使不作为也会导致变化，参与者仍然更喜欢不作为而不是采取行动"。同时，里托夫和巴伦发现"现状偏好"和"忽略偏好"所造成的结果是一样的，即不作为，但它们是两种不同的心理效应，而且在这两种心理效应中，避免犯错的偏好（忽略偏好）对我们人类的影响更大。

忽略偏好解释了为什么在客户已经表示他们打算改变现状的情况

下，最终可能仍然对是否采取行动犹豫不决。但它本身并没有告诉我们客户担心犯什么错误。幸运的是，社会科学告诉了我们客户到底在担心什么。

三种采购"做错"

2003年，研究人员维利·杰梅吉斯（Veerle Germeijs）和保罗·迪·博伊克（Paul De Boeck）要求174名高中毕业生对大学课程做出选择。受访者完成了两份调查问卷，旨在确定他们的犹豫不决（如果有的话）源于何处。当回归分析这些数据时，有趣的事情出现了。事实证明，他们的犹豫不决可以追溯到三种具体的担心。

第一种，有些受访者有"选择困难"。也就是说，他们不知道如何评估不同选项的相对价值，担心在众多似乎同样有吸引力的课程中做出错误的选择。第二种，一些受访者因为"信息不充分"而举棋不定。也就是说，他们担心自己没有做足功课，而无法做出明智的选择。最后一种，有些受访者对于从他们的决策中得到预期的好处缺乏信心。杰梅吉斯和博伊克将其称为"结果不确定"。这些人觉得，即便自己有充分的信息并且有信心从价值上对课程做出选择，他们还是担心自己不会真正得到做出选择的全部好处。（例如，这些课程真的能帮助他们为所选的职业做好准备吗？）

我们对销售对话的研究也证实了这一发现。当把处于犹豫不决的客户进行归集分类时，我们注意到了和杰梅吉斯及博伊克在很多年前就发现的相同模式，那就是，实际上会有三种造成客户犹豫不决的原因：（1）他们担心做出了错误的选择；（2）他们担心没有做足功课；（3）他们担心从所付出的代价中得不到自己想要的东西（见图1.3）。我们发现，在客户与销售人员的对话中，每种原因都包含一组标志着客户犹豫不决的对应行为和独特的语句/表述方法。

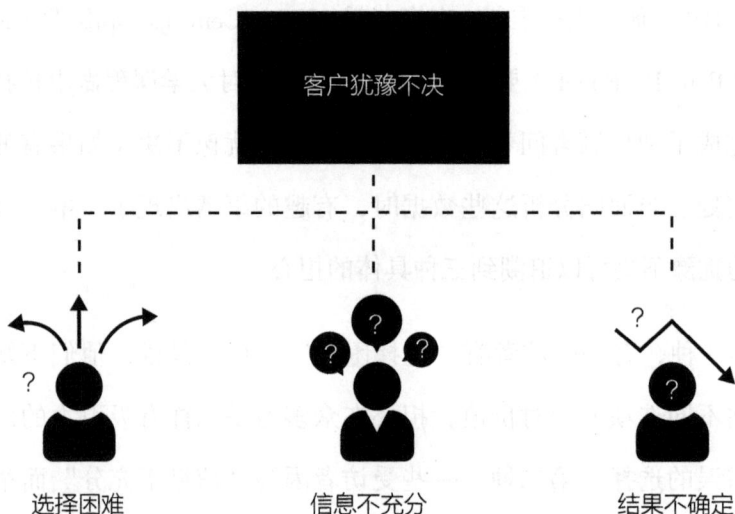

客户犹豫不决

选择困难　　　　　　信息不充分　　　　　　结果不确定

图1.3　犹豫不决的三个驱动因素

在我们的研究中，第一种担心——选择困难——常常以多种方式出现。有时它会在比较不同供应商的功能集时显现。在一次销售对话中，客户对销售人员说："我知道你们的系统比较便宜，但你们竞争对手的系统要快得多。我们正尝试找出对我们公司来说最重要的是什么。"其他时候，客户会在销售流程的最后阶段对于合同应该包含什么变得犹豫不决。几位客户大声地表示想弄明白什么是最适合他们需求的方案。"我们正在考虑是包括专业服务部分，还是由我们的团队自己完成这些工作。"一位客户说道。另一位客户在反复纠结合同期的问题："我知道我们说过想用三年的合同来锁定价格，但现在我在想我们是否应该签两年的合同，以便我们有更多的灵活性。"

第二种担心是信息不充分。这在销售对话中表现为，尽管客户已经花费了销售人员和他们自己大量的时间，但他们还在说做决策之前需要做更多的研究。他们会不断要求销售人员给他们发更多的信息，以支持他们的决定。他们会要求销售人员一次次地开电话会，解答不断出现的问题。他们还会寻求第三方采购顾问的帮助，为他们的采购决定提供意见。他们会邀请更多的同事在决定之前发表意见，希望结合不同人的意见来帮助他们避免"踩坑"。在一次销售对话中，当一位客户提出要求说，希望"再做一次演示，以确保我们不会有任何遗漏"时，我们甚至听到销售人员发出了一声无奈的叹息。

最后一种担心——结果不确定——是关于"可信度差距"的问题，即销售人员声称他们的产品或解决方案将为客户带来的价值和客户对此承诺的实现有多大信心之间的差距问题。被"结果不确定"焦虑所困的客户，会不停地索要其他客户的参考反馈意见，似乎他们完全依靠其他客户的反馈意见来做决策。或者，他们会要求销售人员用模型计算出他们期待的确切回报率，有时坚持要求销售人员用低成本（或零成本）的概念验证实验和试点来证明解决方案有效，并将产生预期的收益或回报。"我们是不会出钱让你去证明你的产品的，"当销售人员提到试点项目可能需要收费时，一位客户如此说，"如果解决方案不行的话，后果可都得我们承担。"尽管客户也许相信销售人员所说的解决方案是有价值和独特的，但他们仍在试图确定它是否真能满足他们的需求。造成这种情况的原因可能是销售人员承诺的回报似乎好得令人难以置信，或者仅仅因为他们缺乏使用类似产品的经验，抑或因为曾经被其他未兑现承诺的供应商伤害过的糟糕经历。不管是哪一种原因，这些客户因为害怕自己会犯错而失去了行动能力，担心当预期的回报没有实现时，他们要为此"背锅"。

一个越发严重的问题

客户犹豫不决的驱动因素——选择困难、信息不充分和结果不确定——不仅在今天对销售人员来说是个麻烦，未来还可能成为一个更大的问题。

由于供应商提供了如此多的选择，而且几乎每个行业的初创企业都呈现出爆炸式的增长，客户发现自己做出正确的选择越来越困难。一家公司所特有的功能或价值如何与竞争对手提供的完全不同的功能或价值相比？类似地，客户评估产品和服务的信息量——不仅来自产品生产公司，还来自专家分析师、评审员和日常用户，似乎每天都呈指数级增长，这加剧了客户的担心，他们没有做足功课来做出明智的选择。最后，随着供应商不断增加解决方案的"黏性"，相应的成本、资源密度和与采购及实施相关的风险也随之升高，客户发现他们越来越不知所措，不知道他们在采购中投入的时间、精力和资源是否会获得回报，或者最终他们是否不得不为一个糟糕的决策负责。

从这个意义上说，客户犹豫不决与安于现状是不同的，它可能会随着时间的推移而变得更糟。客户对现状的偏好相对比较稳定，无论是今天还是将来都是一样的。我们总是可以想办法与客户对改变的回避以及渴望事物维持现状做斗争。但犹豫不决是由环境因素驱动的，对此我们无能为力。因此，几乎可以肯定地认为，在不久的将来，因犹豫不决而导致的交易流失，在所有以客户无行动而告终的交易中所占的比例将更大。

销售的"沉默杀手"

销售人员所面临的一大挑战，也是长期以来人们没有关注犹豫不决的主要原因之一，是销售人员很难在对话中察觉客户的犹豫不决。与客户经常公开讨论他们对现状的偏好不同——客户会声称他们更喜欢现在所做的，或者他们认为供应商的解决方案并未代表更有吸引力的替代方案——犹豫不决则很少以这种方式被讨论。因为它根植于个人的恐惧，客户要么不愿承认，要么可能没有意识到。这反而更加影响了他们，阻碍他们做决定。

但是，利用自然语言处理和机器学习技术，我们能够捕捉到标记为犹豫不决的情绪，如不确定、困惑、焦虑、怀疑和担心。使用这种"一氧化碳探测器"，我们发现犹豫不决无处不在。在我们的研究中，令人吃惊的是，高达87%的对话显示出中度或高度的客户犹豫不决（见图1.4）。对于销售人员来说，找到一个果断的客户就像大海捞针。虽然通过一些方法筛掉一些本身犹豫不决倾向很强的客户是本书内容的一部分，我们将在本书后面讨论，但客户犹豫不决现象在销售中是无法避免的。因此，从很多方面来看，更多的交易会因为客户犹豫不决而流失。

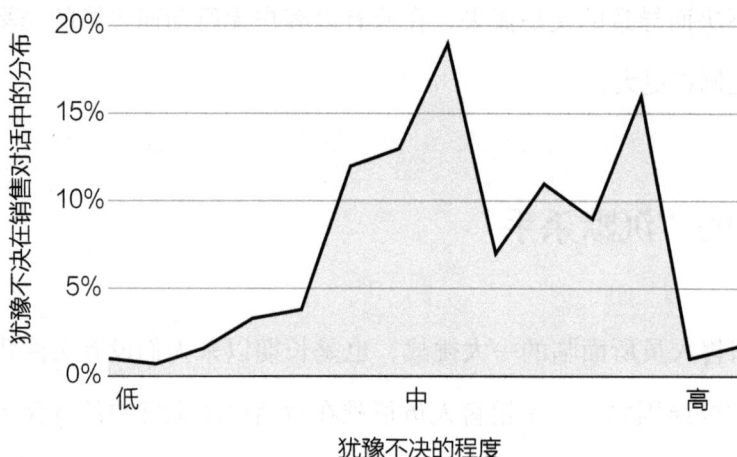

图1.4 不同程度的犹豫不决在销售对话中的分布

当我们把那些客户口头上已经表达购买意向的对话分离出来时，我们发现这些销售商机的转化率——人们本以为会很高——实际上远低于预期，平均约为26%。我们看到，大量类似的交易不仅没有成交，而且以失败告终，就像慢动作的火车失事一样。尽管这些客户在销售过程中的较早时期就表达了购买意愿，但他们在后来表达了明显的不确定和困惑。从统计学上讲，这些情绪是影响销售的最具破坏性的因素之一。而且，当与反对意见结合时——在我们的研究中，近70%的销售对话中都出现了反对意见——这是一个很有杀伤力的组合，往往是客户最终无行动的根源。在一个接一个的销售对话中，我们发现潜在客户通常都会谈到优先事项的变化，并一遍遍地重复他们过去感到后悔的一些采购是如何如何糟糕，最终把那些似乎已经接近成交的交易一推再推，或者干脆直接停下不予考虑。

客户犹豫不决对销售赢率的破坏性影响怎么夸大都不为过，而且大多数销售领导者甚至还没有意识到这一点。当客户开始表现出与犹豫不决联系在一起的情绪时，销售转化率就开始急剧下降了（见图1.5）。这些情绪表现得越明显，情况就越糟糕。我们发现，销售对话中犹豫不决的程度较低时，一般赢率为45%~55%。但只要有中度的犹豫不决，赢率就会下降至25%~30%。在犹豫不决程度高的状态下，赢率一般低于5%。这种赢率并不比蒙着眼睛向飞镖靶投中飞镖高多少。

最后，看似稳妥的交易不是以客户在合同上签字告终，反而是客户说他们需要"再考虑一下"。事实上，当查看销售对话样本，并分离那些客户已经表达了购买意向但最终没有这样做的销售商机时，我们发现了许多预示着销售失败的话语表述。其中，在我们从销售对话中分离出来的成千上万个话语中，"我需要再考虑一下"这句话被证明与失败交易的相关性很高。从统计学意义上说，这句话相当于"死亡之吻"。事实上，这比直接被拒绝要糟糕得多。这也是客户犹豫不决的象征性标志。我们采访的一位销售领导者称这为"手暖脚冷"现象，是指客户说你赢得了他们的生意，但交易仍然以"客户无行动"而告终。

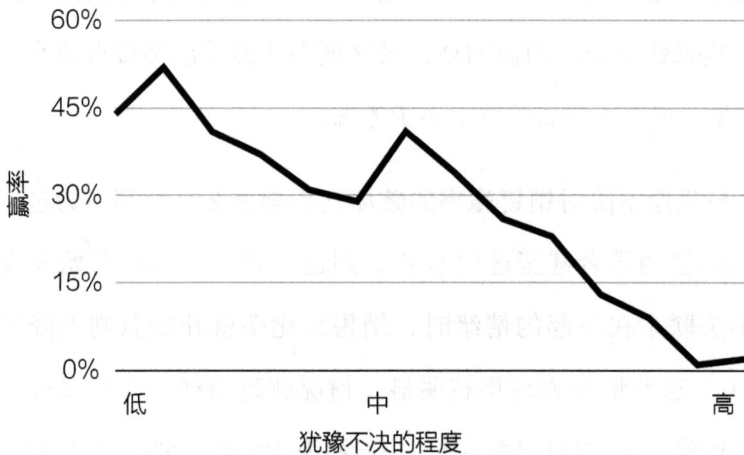

图1.5 客户犹豫不决对赢率的影响

这一切已经很糟糕了，但更令人不安的是，销售人员其实在不知不觉中助长了这个问题。

我们自己最大的敌人

在研究中，我们发现了一个显著的一致性，即销售人员倾向于在客户表现出临阵退缩的第一个迹象时就马上联系客户。对于绝大多数销售人员来说，他们在第一时间假设客户的现状还没有被打破，因此他们会尝试着回去再次打破它。我们在研究中发现73%的销售对话中都会有这种行为。这些销售人员所销售的产品可能因公司和行业的不同而不同，但他们试图克服客户犹豫不决障碍的方式惊人的一致。

这种方式表现为两种不同的形态。许多销售人员试图重新说服客户，他们的现状——他们当前做事的方式——即使不是不可接受的，也是有问题的。这些销售人员会试图"唤醒FUD"，显然是想吓唬客户，使其采取行动。或者，一些销售人员试图向客户兜售未来成功的价值——如果客户采购了他们的产品，事情会变得多么美好。这些销售人员会专注于重新证明这笔交易的投资回报率，强化他们的价值主张和差异化优势，或者向客户重新讲解他们曾经确定想要但现在开始犹豫不决的产品的特性和好处。无论销售人员选择哪条路径，都是殊途同归：再次向客户证明他们的采购行动将收获成功。

这个问题在一般销售人员的眼中是这么看的：尽管客户告诉我他们在我们的解决方案中看到了价值，但他们一定还没有被百分之百说服。客户说他们想采购我们的产品或服务，但他们为什么应该购买，这肯定还是一个悬而未决的问题。如果他们真的知道"为什么"，那么肯定会有足够的动力推动他们采取行动。所以，如果客户犹豫了，销售人员一般认为，不管出于什么原因，客户还没有摆脱安于现状的引力作用，所以还应该继续努力，以说服他们改变现状。

然而，尽管这种从销售领导者到销售经理再到销售人员的自上而下的方法已经被广泛使用了几十年，我们的数据却毫不含糊地表明，它没有起作用。事实上，它还产生了戏剧性的反作用！

我们发现，当销售人员试图与已经表达了采购意向的客户"重新理论"现状问题时，84%的情况是，这会对销售结果产生消极影响（见图1.6）。

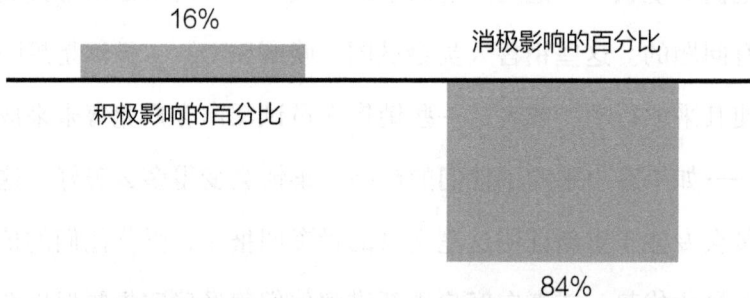

图1.6　与犹豫不决的客户"重新理论"现状问题的影响

我们可能从来没有想到过以上的这种可能性。在传统的印象里，"客户还在犹豫"说明他们还不相信购买后会获得成功（因而要继续说服他们采取行动），这一想法如此直白，以至于我们从未想过要质疑它。这是一个根植于传统销售智慧的概念，是无数销售书籍的主题，也是所有现有的销售培训计划和销售方法的唯一焦点。

然而，尽管这种方法被广泛接受和使用，但我们的数据显示，它对于克服客户犹豫不决的障碍并无作用！

为什么？

原因在于，从本义上讲，要打破现状就要向客户展示通过采购来改变现状将如何获得成功，即他们如果什么都不做将会失去什么。其核心是展示不作为的代价——展示如果维持现状将产生什么后果。这种想法认为，通过利用客户担心错过机会的心理，可以让他们采取行动。

但正如我们之前已经讨论过的那样，相比之下，客户对不作为所造成的损失，并没有对他们采取行动所造成的损失那么担心。当然，这是在客户已经承认了什么都不做会有代价的前提下——这是他们会接受你所描绘的愿景的原因。但是，一旦他们同意改变现状，他们现在害怕的（甚至更害怕的）是他们的行动可能导致的失败：不是什么都不做，而是如果他们做了什么，将会产生的后果。而且这些后果既具体明显又与他们的决策直接相关。

这就是为什么对于已经认同了销售人员所描绘的愿景的客户来说，销售人员借助老方法——通过唤醒"维持现状的痛苦"，并试图说服客户如果维持现状他们将会损失什么——没有任何作用。因为在销售的这个阶段，这已经不是客户所担心的了。一旦已经确定了要改变现状的意图，如果销售人员再试图重新说服客户，曾经用以吸引他们注意力的抽象事物就不再具有激励作用了。客户不担心错过折扣窗口期，也不担心要等更长的时间才能买到产品。他们不会去考虑团队需要再等一个季度才能更换旧系统的事实。他们不担心落后于竞争对手，不担心维持现状的成本，也不会为无法得到可观的获益机会或投资回报率而焦虑。

相反，这时候他们唯一担心的是购买你的解决方案可能会犯一个很大的错误。与此相比，所有其他担心都相形见绌。毕竟，你不会因为失去一个10%的折扣机会或者不得不推迟一个月才能开始实施项目而被解雇。但是，如果你把钱花在一个解决方案上，而这个解决方案最终没有实现它承诺的好处，你真的会被解雇！

所以，尽管通过向客户展示不改变的痛苦比改变的痛苦更糟糕来建立意图是一种很好的策略，可一旦客户安于现状的偏好被打破，通过采购以改变现状的意图已经确立，情况就会发生逆转。为了实现从意图到行动的转化，销售人员这时候必须战胜的变成了客户的"忽略偏好"。打破现状就是向客户展示他们将"如何通过你的解决方案获得成功"，但是战胜犹豫不决是向客户证明"他们购买你的解决方案不会失败"。当客户变得犹豫不决时，通常不是因为他们喜欢现状。相反，这是因为他们不想犯一个不可逆转的错误。虽然这两件事听起来一模一样，但我们现在知道它们有天壤之别。

读者现在可能明白了，在与一个犹豫不决但已经被说服了需要改变现状的客户打交道时，重新去跟他讨论现状是多么浪费时间。而且你应该记得，我们发现这种方法不仅没有效果，实际上还会适得其反。从统计学角度讲，销售人员最好什么都不做，而不是试图再一次说服客户改变他们的现状。

这是为什么呢？跟客户重新讨论现状会如何伤害到销售人员？

要理解其中的原因，我们需要思考一下，当销售人员试图重新说服客户改变现状时，他们希望利用的是什么样的情绪。在最初向客户推销时——在客户表达他们的采购意向之前——销售人员通常更倾向于依靠"B状态"去打动客户，为客户描绘一幅美好而令人兴奋的画面。而当客户开始动摇、表现出令人沮丧的犹豫不决的迹象时，销售人员往往会为客户描绘一幅黑暗的画面，试图唤起他们的恐惧、不确定和怀疑的情绪，吓唬客户，使其采取行动。

从根本上说，这种方法是利用客户的恐惧——担心他们会深陷有问题的现状不能自拔或担心他们会错过一个获得以前无法获得的好处或优势的黄金机会。但是，正如我们已经讨论过的，恐惧或者担心恰恰是导致客户犹豫不决的最终原因。换句话说，担心他们即将犯一个大错误。因此，在客户已经存在的恐惧之上增加更多的恐惧，对销售人员来说往往会产生事与愿违的效果，因为这只会给客户更多的担忧、更多的借口把事情拖延下去。简单地说，试图通过恐吓一个已经受到惊吓的客户继续采购行动是一个糟糕的销售策略。

结论

在本章中，我们了解到，客户最终无行动造成的交易损失，其更大的驱动因素不是客户对现状的偏好，而是客户犹豫不决，其根源是

"忽略偏好"（客户希望避免因做事而犯错）。

"忽略偏好"的引力是强大的，对于销售人员来说，这是最终需要克服的、比"说服客户现状需要改变"大得多且重要得多的障碍。不仅如此，导致客户犹豫不决的"选择困难""信息不充分""结果不确定"，都是由我们无法控制的环境因素造成的。随着供应商提供的选择越来越多，买家可以获得的信息越来越多，解决方案的成本和风险也在增加，客户掉入犹豫不决陷阱的可能性也在增加。最后，在客户犹豫不决时，销售人员往往是他们自己最大的敌人——他们不仅从未被教过如何发现和应对犹豫不决，而且通过不断地与实际上正在犹豫中挣扎的客户重新讨论现状，增加了客户的恐惧、焦虑和犹豫，使他们的交易更有可能以停滞而告终，最终因客户什么都不做而失败。

遗憾的是，绩效一般的销售人员对于客户"希望避免由他们的行动造成损失"这一心理现象一直存在着误读。最终，绩效一般的销售人员往往不知道如何把握那些即将成交的销售机会，踢出漂亮的"临门一脚"。因为他们采用的战术是为了打破现状而设计的，并非专门为克服客户犹豫不决障碍而设计的。当客户已经接受了需要改变现状的想法，相信有了你们公司的产品或服务，生活将变得更好时，再重复之前的做法对于说服客户在合同上签字已经无效了。这时，让客户越过终点线需要一种完全不同的方法。我们的研究表明，那些高绩效销售人员已经认识到在销售的这个阶段，他们的工作不再是说服客户通过采购来获得成功；而是要向客户证明他们不会因为采购而招致失败。

在第2章中，我们将分享高绩效销售人员用以克服客户犹豫不决障碍的令人惊讶的策略和方法，这些策略和方法是通过我们对250多万个销售对话的分析得出的。

02

第2章

JOLT效应

到目前为止，我们已经明确了一些事情。

首先，客户犹豫不决对销售人员来说是一个大问题。我们的研究表明其对销售赢率有负面影响。在所有类型的销售中，无论是交易型销售还是复杂型销售，这种情况一直都在发生。这个问题严重影响销售人员的生产力和效率，而对销售机构和公司而言则是一个巨大的机会成本。这也是一个没有任何缓和迹象的问题。如果有什么迹象的话，只可能是变得更糟。随着供应商向市场提供大量内容、推出新的产品和服务，以及几乎每个行业都涌现出快速发展、具有颠覆性的初创企业，客户按下暂停键并花更多时间考虑采购决策的理由只会越来越多。

其次，大多数销售人员用于战胜犹豫不决的老一套的"剧本"并没有奏效——事实上，它明显失效了。到头来，销售人员只被教过做一件事：打破现状。而他们学到的技巧——最突出的就是诉诸"维持现状的痛苦"这一招——在战胜客户犹豫不决并真正让客户迈出行动的脚步时却毫不奏效。

很明显，今天的销售人员需要有两套"剧本"，而不仅仅是一套。绩效一般的销售人员会认为，销售工作只是让客户打破现状，满足客户摆脱"现状的痛苦"的愿望，而高绩效销售人员知道，在客户表达改变现状的意图和实际做出采购决策之间还有第二阶段——在这个阶段，事情可能而且经常会脱轨。在第二阶段，要解决阻碍客户做决策的担心和恐惧。这本身就是一个非常令人惊讶的发现，因为几十年来，管理人员的注意力和销售培训投资都只专注于销售的第一阶段。关于销售第二阶段的研究、书籍和培训内容的匮乏令人惊讶，然而，如果没有成功的从意图到行动的突破，销售人员仍然很可能会发现，他们的交易会陷入客户犹豫不决的境地。

毫无疑问，打破现状永远是任何交易的关键组成部分。如果一个销售人员不能消除现状对客户的吸引力，他就没有希望卖出任何东西。但随着现状被逐步打破、影响开始消退，取而代之的是第二个更具威胁性的"敌人"：客户犹豫不决，这是他们担心会因为自己的决策而犯下错误所造成的。如果打破现状的"剧本"是建立在唤醒客户对不采购而引发的后果的恐惧之上，那么战胜犹豫不决的"剧本"就是要消除客户对于采购决策的恐惧。

销售人员看待这两套"剧本"的最佳方式是：它们在整个销售过程中是协同工作的（见图2.1）。当销售人员刚开始接触客户并讨论他们的现状——在整个销售的早期阶段——对销售人员来说，最重要的事情就是打破现状。一旦客户的改变意图得到了确认，现状的影响消退后，客户自己的犹豫不决就会抬头并取而代之。这时客户对"错过的担心"被对"搞砸的担心"所取代。如果希望弥合客户意图和行动之间的差距，那么在这个时候，销售人员必须放下打破现状的"剧本"，而换上战胜犹豫不决的"剧本"。

重要的是，战胜犹豫不决不仅是一种促成交易的方法——帮助销售人员在销售过程最后阶段战胜客户的犹豫不决，解决销售人员非常熟悉的"最后一英里"问题。高绩效销售人员知道，虽然在打破现状并让客户接受一个愿景之前，客户犹豫不决的影响还不太大，但是销售人员要随时感知客户可能在第一次互动中就流露出的犹豫迹象，这点非常重要。这些高绩效销售人员知道，犹豫不决可能会在销售过程的任何时候出现，为了避免客户"向前一步，后退两步"，销售人员必须时刻保持警惕——从销售的第一刻直到最后一刻。

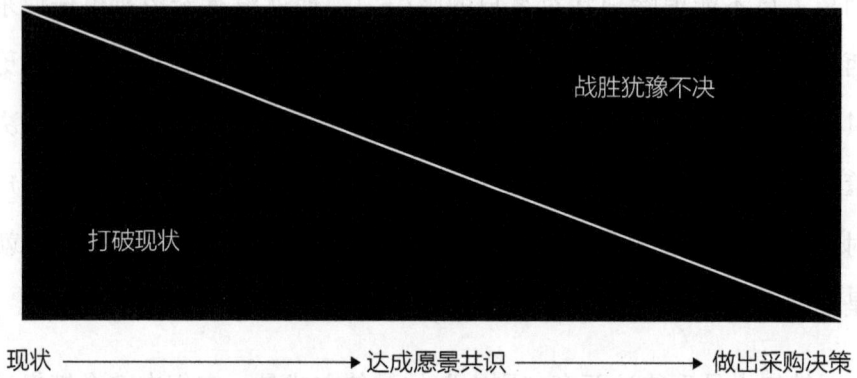

图2.1　销售有效性的两套"剧本"

　　那么，第二套"剧本"到底包含什么？那些高绩效销售人员究竟是如何战胜客户犹豫不决的呢？

JOLT 方法

　　我们的研究显示，这些高绩效销售人员在应对交易停滞的客户时采用了一套独特的"剧本"——一套专门旨在战胜犹豫不决的"剧本"。从很多方面来说，这不仅与他们的多年所学相反，也与他们用以打破现状的方法相反。我们把这套"剧本"称为JOLT方法。（这里的JOLT是四个英文短语的第一个字母的缩写，它们分别是：Judge the indecision，Offer your recommendation，Limit the exploration和Take the risk off the table，即后面即将要提到的"评估犹豫不决""主动提供建议""限制探索""排除风险"。——译者注）

我们在研究中发现，JOLT方法的第一个行为是"评估犹豫不决"。在对高绩效销售人员进行的一系列采访中，我们发现他们确定继续跟进和放弃销售机会的方式与绩效一般的销售人员不同。虽然人们早就知道，那些高绩效销售人员会根据外部观察的指标（如用途匹配度、行业吸引力、公司动态）来筛选机会，但我们的研究表明，他们也会根据不易观察的、衡量客户决策能力的关键指标来筛选机会。换句话说，他们不仅通过客户的购买能力来筛选，也看客户的决策能力。

这样做有两个目的。首先，这使他们能够识别并筛掉那些成交无望的客户。在研究中，我们发现高绩效销售人员更有可能主动放弃那些显得特别犹豫的客户的销售机会。通过对客户犹豫不决的评估、积极倾听和仔细观察，他们能够判断最终是否可以激励客户采取行动。不像他们的那些"永远抱有希望"的业绩平平的销售同事，高绩效销售人员似乎有一种与生俱来的嗅觉，使他们能判断帮助客户战胜犹豫不决的可能性，以及是否值得他们花时间和精力这样做。其次，当他们判断客户不是无可救药地陷入困境中，只是仍挣扎于某种程度的犹豫时，这使他们能够了解需要在多大程度上依靠战胜犹豫不决的"剧本"，或者至少了解如何更好地进行销售预测。

JOLT方法的下一个行为是"主动提供建议"。当与那些被"选择困难"所困（为从貌似同样有吸引力的选项中做选择而犯愁）的客户打交道时，我们发现，大多数销售人员采用的方法是依赖于需求诊断。这些销售人员过于尊重客户的意见，会通过大量提问试图向客户说明他们真正重要的需求是什么。但高绩效销售人员明白，正在犹豫不决的客户是在寻求指导，而非进行更多的选择。因此，他们采取了一种截然不同的方法。他们不是询问仍在困惑的客户想要什么，而是告诉他们应该买什么（例如，"这些都是不错的选择，但就我个人而言，如果我是你，我会这么做"）。在这样做的过程中，他们让原本给人很大压力而且很复杂的决策变得很简单和可行，最终增加了客户采取行动而不是退缩的概率。

JOLT方法的第三个行为是"限制探索"。客户可以获得大量的信息来研究和评估机会与供应商，这是每个销售人员的大敌，因为它助长了客户的一种感觉，即总认为他们在做出明智的采购决策前没有做足功课——这是我们在第1章讨论过的"信息不充分"问题。但在绩效一般的销售人员将自己视为客户的信息提供者时——满足客户对更多信息的每一个要求，无论是额外的白皮书、另一次演示，还是再一次的征求意见的通话——高绩效销售人员似乎早就知道，再多的额外信息也永远不可能满足客户对更多信息的渴望，而且客户最终也不可能利用所有的信息来做采购决策。因此，与其继续满足客户的更多要求，高绩效销售人员认为不如对探索加以限制。他们会控制提供给客户的信息、提前预见客户的需求并准备好回应潜在的反对意见，以及在客户继续不依不饶而索取过多的信息时用极其坦诚的态度与他们进行沟通。为了达成这个目的，他们知道必须把自己塑造成一个主题专家的形象，让客户觉得他们既专业（他们比客户更了解客户想要做的决策），又值得信赖（他们帮助客户明白他们的建议不是出于能推销更多，而是出于让客户利益最大化）。

JOLT方法中的第四个也是最后一个行为是"排除风险"。当面对对结果的不确定感到焦虑的客户时（他们是否会得到一开始所希望的好处），我们的数据显示，绩效一般的销售人员应对这种局面的方法是，通过将客户的注意力从担心做采购决策可能导致的损失转移到不采取行动可能导致的损失上来。换句话说，他们采用了一种经典的FUD方法，试图吓唬客户以使他们做出决策。然而，高绩效销售人员明白，在某个阶段，向客户展示不采取行动的代价可能是有用的——也就是，当试图打破现状并获得客户对愿景的同意和认可这个阶段。可是，一旦过了这个阶段，继续使用"维持现状的痛苦"战术会适得其反，因为这时客户更担心的是与他们的决策行为相关的潜在损失，而不是不采取行动可能造成的损失。其中，客户最主要担心的是，一旦他们做了决策，自己会被置于孤立无援的境地，为最终未能实现预期效益的采购行动"负全责"。

为了化解客户对结果不确定的担忧，高绩效销售人员关注的不是吓唬客户以让他们购买，而是提出创造性的解决方案以限制不利的风险（例如，提供退出、退款和更改条款以及额外的专业服务支持，合同切割）。与此同时，他们会尝试管理客户对实现回报的时间和程度的期望并设置边界，让客户觉得损失的可能性非常低（例如，"我已经做好了我们合作的头三个月的计划，我们会指导如何快速取得一些成果"）。最后，与传统观念中的高质量的销售订单总是金额越大、范围越广越好不同的是，我们发现，高绩效销售人员会建议客户从小处开始，尽快取得一些早期的成果，然后从那里扩展，从而帮助客户化解对结果不确定的担忧。有趣的是，虽然这样降低了一开始的销售额，但往往最后能销售更多产品。

上述的四种行为，一起构成了我们所说的JOLT方法——评估犹豫不决、主动提供建议、限制探索和排除风险。这就是高绩效销售人员用于让他们的客户摆脱困境、战胜犹豫不决，并最终促使他们采取行动的"剧本"。随着对每个行为更详细的探索，我们会分享证明这些行为有效的实证证据，以及帮助解释它们为何有效的社会科学证据。

JOLT 效应

在深入研究这些行为之前，我们首先需要了解这样做的回报是什么。任何尝试过推广一种新方法或销售战术的销售领导者都可以证明这样一个事实：在第一线推动变革是困难的——它需要时间、承诺和投资。因此，回报必须是值得的，他们才会考虑力劝他们的销售人员接受另一套新的方法。

不过，对于销售领导者来说，好消息是：我们的分析非常明确地显示，这套方法不仅值得考虑，而且领导者很难找到其他方法来代替这套方法，以提高销售赢率。

因为这套方法通常不会在典型的销售培训课程中被讲授——而且，在某些情况下，它们甚至与所讲授的方法正好相反——它们在真正的销售对话中并不常见。在我们的研究中，有1/3的对话显示出低水平的JOLT技巧或完全不包含JOLT技巧。只有7%的对话显示出高水平的JOLT技巧。可以说，绝大多数销售人员都有改进的空间。

但数据也清楚地表明，学习如何应用构成JOLT方法的行为技巧，可以明显地帮助销售人员应对客户的犹豫不决。回想一下第1章，销售人员再次跟客户讨论安于现状的问题，并把它作为战胜客户犹豫不决的唯一技巧时，有84%的可能性对赢率有负面影响。但是，当销售人员转而使用JOLT方法时会发生什么呢？也就是说，如果销售人员不只依靠诱发客户的恐惧，而是使用JOLT方法来消除客户的恐惧，会发生什么呢？当这种情况发生时，销售人员将从有84%的坏结果概率变成有70%的好结果概率！

当分解这些数据时，我们看到应用JOLT方法的销售人员在面对不同犹豫程度的客户时，都能取得比绩效一般的销售人员更高的赢率（见图2.2）。

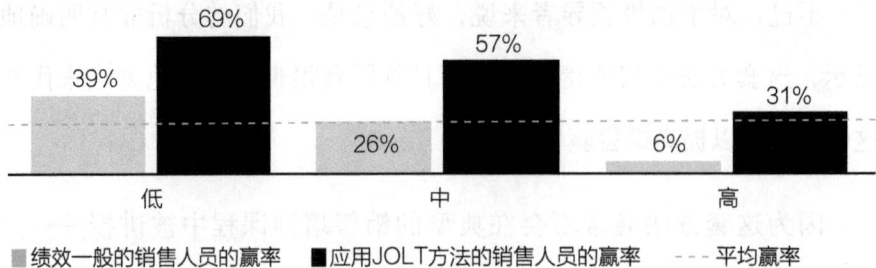

图2.2 根据客户犹豫不决的程度，一般销售人员与应用JOLT方法的销售人员的赢率对比

图中图例：■绩效一般的销售人员的赢率　■应用JOLT方法的销售人员的赢率　- - - 平均赢率

横轴：低　中　高

数据：低 39% / 69%，中 26% / 57%，高 6% / 31%

　　首先，考虑那些犹豫不决程度较低的客户。果断的客户让每个人看起来都很擅长销售。而且，不足为奇的是，绩效一般的销售人员和应用JOLT方法的销售人员的赢率都高于26%的平均水平。在一些罕见的情况下，绩效一般的销售人员的赢率为39%，而高绩效销售人员则获得了69%的赢率。但是，正如我们之前讨论过的，果断的客户很难找到。相反，销售人员绝大多数的情况——确切地说，是87%——都是在与中度或高度犹豫不决的客户打交道。一旦客户犹豫不决程度升高，绩效一般的销售人员的赢率就会下降至略高于平均值（26%），而那些懂得应用JOLT方法的销售人员仍然保持着57%的赢率。事实上，这是我们在数据中看到的绩效一般的销售人员和高绩效销售人员之间的差距。最后，当我们着眼于高度犹豫不决的客户时，绩效一般的销售人员的赢率会急剧下降，这些销售人员只赢得了6%的交易。相比之下，即使这些客户是我们在数据中看到的任何细分市场中最犹豫不决的，应用JOLT方法的销售人员仍然成功地超过了平均水平，赢率达到了31%。

　　因此，对于一家每年要处理数百（有时甚至数千）次销售互动的公司来说，只需要把注意力集中在这一小部分关键行为（JOLT行为）上，即使让销售人员从"不太好"转变为"比较好"，也代表着潜在的巨大收益提升。

这种方法还有一个好处：因为这些行为有助于给客户信心，让他们相信自己正在做一个好的决策，并成功地避免了可能发生在他们身上的损失。它们有助于避免心理学家所说的"决策后功能障碍"——人们对自己已经做的决策，有后悔、重新考虑，甚至在某些情况下，否定的倾向。这样一来，JOLT方法就不仅仅是一种提高赢率的方法，也是一种提高客户忠诚度和减少客户流失的方法。我们将在第8章更详细地讨论这个问题。

结论

在本章中，我们介绍了高绩效销售人员用于战胜客户犹豫不决的方法。我们的研究表明，高绩效销售人员在面对客户犹豫不决时会展现出四个不同于绩效一般的销售人员的行为特征：（1）他们会评估客户犹豫不决的程度，寻找根源，并确定战胜它的可能性；（2）主动提供建议帮助客户简化决策，而不是无休止地询问客户想买什么；（3）不给客户做非建设性询问的机会以限制无效探索，防止客户漫无目的地做额外的研究；（4）通过管理客户期望和提供创造性的"安全网"选项来帮助客户排除风险，让客户相信他们不会陷入困境。这些行为技巧结合在一起，就是帮助客户摆脱犹豫不决困境的新"剧本"。

在接下来的四章中，我们将探索这些高效的技巧，分享更多的细节，不仅包括它们为什么有效的证据，还包括如何在销售对话中应用它们的指导。

03

第3章

评估犹豫不决

在我们的研究中，客户犹豫不决是个恒定的存在，无论是赢单还是丢单。它不是销售人员可以"挥之即去"的，而是需要他们应对和突破的。然而，当我们开始从犹豫不决的视角观察销售漏斗的构成时，我们看到了一个奇怪的现象：高绩效销售人员参与的销售实际上很少有高度犹豫不决的客户，相反他们有更多果断的客户。

我们采访的一位优秀的医疗设备销售人员帮助我们解释了这个偶然发现的现象。"我对任何客户都有两个要求，"她说，"一是他们的购买能力，二是他们的决策能力。我的大多数同事都很擅长根据标准的匹配度要素来选择销售商机，但他们最终都在那些表面上看起来不错，但永远不会付诸行动的客户身上浪费时间。"对她来说，犹豫不决不仅是一件需要在销售过程早期就被识别和理解的事情——为了决定如何甚至是否值得在一个机会上花时间——也是一件需要在之后加以管理的事情。

她接着分享了两个故事。在她看来，筛出犹豫不决程度高的客户可以帮助她发现那些还没开始就预示着夭折的交易，以及其他销售人员可能会忽视的有潜力的机会。其中一个故事来自一家医院，这家医院非常适合她的公司的解决方案。"那是一家很大的医院，而且发展很快。不仅如此，医院管理层还对现有的设备不满意，正在寻找一种新的解决方案，以便随着需求的变化而发展。我们似乎是他们唯一的选择。但我也很清楚，即使我们已经属于'此类解决方案的佼佼者'，客户仍然无法摆脱自己的行事方式。他们要求我们提供无数的客户推荐信、长期的试点（且不愿支付费用），以及各种各样我不可能给他们的保证。所以，虽然这是一个巨大的潜在机会，我还是把它放在了一边，并告诉我的经理我还是把时间花在其他的机会上，等他们准备好了我再与他们接洽，我并不认为他们会很快采取行动。"

另一个故事来自一个医疗中心。按照公司的标准，这个医疗中心真的很小，勉强能达到目标客户的标准，而且医疗中心现有的实验室设备还有几年的寿命。"但是，"这位销售人员解释说，"虽然从表面上看，这不是一个很好的潜在客户，但实验室主任非常果断。从一开始，他就相信我可以引导他找到正确的解决方案，实际上他还拒绝了我提供的给几个客户打电话的提议，尽管这在我们行业中是相当标准的做法，但他知道我们的声誉很好，认为没有必要把他或我们客户的时间花在他已经知道的事情上。我马上就知道这对我来说将是一个可以快速成单的客户。尽管我的团队一开始因为我花时间在这个机会上而嘲笑我，但这是我们全年完成得最快的一笔交易。"

评估客户的犹豫不决

任何销售人员都会告诉你，让客户真正做决策往往说起来容易做起来难。从口头承诺到签署协议，从做选择到交易，从"我想要"到"我做了"，这段旅程是艰难的。这趟旅程要花多长时间？客户在多大程度上犹豫不决？销售人员因此需要付出多少努力来弥合双方达成

一致的愿景与采购决策之间的差距？具体来说，客户犹豫不决的原因
到底是什么？如果客户如此犹豫不决，销售人员还值得花时间和精力
去说服他们吗？

弄清楚这一切绝对是重要的。这就是为什么"评估犹豫不决"是
运用JOLT方法的第一步，也可以说是最重要的一步。

在本章的其余部分，我们将讨论销售人员如何识别客户犹豫不决
的根源，同时考虑可能加剧客户犹豫不决的客观因素。

找出犹豫不决的根源

正如我们在第1章中所讨论的，造成客户犹豫不决有三个原因：选
择困难、信息不充分和结果不确定。第一步是了解哪个是导致客户犹
豫不决的原因。

在研究中，我们发现导致犹豫不决的三个原因都与客户的特定短
语和表述有关。把这些总结起来，就会显示出一组提示客户犹豫不决
的原因的指标。首先，我们考虑"选择困难"这个原因。这是客户对
选项拿不定主意，不知道哪一个最适合他们的需求。当遇到选择困难
问题时，销售人员应该问自己：

- 客户会迅速指出他们喜欢的选项和配置，还是他们似乎都想要
  （例如，"这些全部都很有吸引力"）？

- 客户是否不断追问不同方案选项和配置之间的差异（例如，

"您能再解释一下方案一和方案二之间的差异吗")？

- 客户是否公开表达过对选择哪个选项的困惑（例如，"我们在这个和那个选项之间有些拿不准"）？

- 客户是否会因为新的发现而分心，如他们以前不知道的功能和选项（例如，"我们不知道你们有这个功能，你能跟我们介绍一下吗"）？

其次，我们来看信息不充分这个原因。这是指客户感到焦虑或困惑，认为自己没有充分调查或做足功课，无法做出明智的采购决策。在这里，销售人员应该问自己：

- 客户要求提供的输入信息是否比典型客户更多（演示、客户推荐电话、与解决方案工程师或主题专家的交流等）？

- 客户是否曾以收集更多信息的名义拖延？

- 客户是否曾经说过他们被外面的所有信息弄得不知所措？

- 客户是否表达过"仍不甚明白"或"还要比较长的学习周期"之类的担忧？

犹豫不决的第三个也是最后一个原因是对结果不确定的担心。这是指客户对他们的购买所带来的回报表示担心、怀疑或焦虑，以及对最终是否能得到他们期望的价值感到担心。在这种情形下，销售人员应该问自己：

- 客户是否要求你进行投资回报率预测？

- 客户是否提到了他们过去被欺骗的经历？

- 客户是否谈论过，与他们过去做过的其他项目相比，你的解决方案的风险或投资有多大？

- 客户是否要求你对结果进行保证？

- 客户是否对结果的可实现性表示怀疑？

回答这些问题可以帮助销售人员准确聚焦客户担心的原因，这将帮助销售人员知道他们需要采取哪种"策略"来战胜客户的犹豫不决——是向他们主动提供建议、限制探索，还是排除风险——所有这些我们都将在本书的其余部分详细讨论。

到目前为止，我们只确定了客户犹豫不决的原因，而没有衡量其程度。我们可能知道是什么导致了客户的犹豫不决，但不知道最终战胜它并完成交易有多难。要理解这一点，我们需要考虑两个额外的维度：客户犹豫不决的程度及可能加剧犹豫不决的外部因素。

衡量客户犹豫不决的程度

有时候，当一个人在犹豫不决中挣扎时，很容易就能被看出来。想想那些把服务员多次叫来，然后又让其他人先点餐……最终还是让服务员帮他在两个同样有吸引力的选项中做出选择的朋友吧。或者，也许你有认识的人，他们总把假日购物推迟到最后一刻？德保罗大学（DePaul University）教授约瑟夫·法拉利（Joseph Ferrari）在20世纪90年代初进行了一项有趣的研究，旨在了解一些人把假日购物推迟到很晚的原因。在这个实验中，研究人员分别在圣诞节前四周、三周和一周以及节前的周末四个不同的时间采访了当地一家购物中心的圣诞购物者。他们发现，导致购物者推迟购买礼物的原因是在买什么礼物上犹豫不决，而不是因为不喜欢购物或有其他的事情要办。

归根结底，犹豫不决是一种"精神状态"，在销售对话中它可能让人很难察觉。我们如何区分客户是犹豫不决，还是正在深思熟虑呢？我们都知道，购买过程可能需要花费时间。我们如何知道客户只是行动比较缓慢，还是实际上真的犹豫不决？幸运的是，社会科学为我们提供了一些答案。

从20世纪70年代开始，心理学家和行为经济学家一直在试图回答关于为什么人们不能做决策的问题，即使这些决策的结果似乎会让他们更好。通过成千上万次实验和基于数据的研究，他们试图了解人们是如何感知摆在他们面前的决策的，是什么影响了他们的感知，犹豫不决是如何以现实生活中的行为表现出来的，以及人们是否在某些条件下变得更加犹豫不决或者相反。

因为犹豫不决是如此难以确定，心理学家甚至（尤其）为容易犹豫不决的人开发了一种被称为"犹豫量表"的工具，使他们能够评估一个人犹豫不决的程度。这个由兰迪·弗罗斯特（Randy Frost）和狄娜·肖斯（Deanna Shows）在1993年开发的工具已经成为评估犹豫不决的黄金标准。该工具本身包括15条陈述，受访者被要求对自己进行评级：

- 我尽量推迟做决策。

- 我总是很清楚自己想要什么。

- 我发现做决策很容易。

- 我感觉规划我的空闲时间很困难。

- 我喜欢由我来做决策。

- 一旦做了一个决策，我就会相当自信地认为这是一个好的决策。

- 从菜单上点餐时，我通常很难决定要点什么。

- 我做决策通常很快。

- 一旦做了决策，我就不再担心它。

- 当做决策时，我开始变得焦虑。

- 我经常担心做出错误的决策。

- 在我选择或决定了某件事之后，我常常认为我做了错误的选择或决策。

- 我不能按时完成工作，因为我不能决定先做什么。

- 我在完成任务上有困难，因为我不能优先考虑什么是最重要的。

- 似乎决定最微不足道的事情都要花费我很长时间。

在后续的多项研究中，该量表已被证明与我们倾向于将其与犹豫不决联系在一起的行为高度相关。例如，在一个实验中，弗罗斯特和肖斯让15个犹豫量表得分低的参与者和15个得分高的参与者做一系列的决策。参与者必须从提供的40门大学课程中选出20门，从40件的衣服中选出20件，最后从三家不同餐厅的菜单中选出最喜欢的一道菜。最后，犹豫不决程度高的参与者花了近14分钟来完成要求的任务，而那些果断的参与者只花了不到9分钟。

但是，在我们开始向客户销售产品之前，也不可能要求每位客户先填写犹豫量表，销售人员怎么才能评估客户的犹豫不决程度呢？

为了弄清楚这一点，我们深入研究了堆积如山的销售对话数据，找出了客户给出的潜在"信息"——他们发出的信号——这在高绩效销售人员看来是个"刹车"信号。然后，我们通过一系列的采访，对高绩效销售人员进行了测试，得到了一个简单的四步过程，任何销售人员都可以用它来评估客户的犹豫不决程度和决策功能障碍——那些对客户"决策能力"有负面影响的事情。

第一步，我们需要理解客户如何搜索和运用信息。虽然我们知道"信息不充分"是造成客户犹豫不决的原因，但有些客户对模糊性的接受程度比其他客户高，这是销售人员需要在早期发现的。第二步，我们需要了解客户如何评估备选方案。他们的评估过程是合乎逻辑的和结构化的，还是混乱的和难以确定的？第三步，我们需要寻找能告诉我们客户是否愿意满足于"足够好"（或者他们是否不满足于"足够好"）的信号。也就是说，客户是否要求产品的一切都完美地满足他们的需求。第四步，当客户开始犹豫、退缩和动摇时，销售人员要"看出端倪"，并解读不同类型的交易延迟所提供的关于犹豫不决的信号。

在本章的其余部分，我们将更进一步地逐一讨论这些步骤，解释其背后的社会科学依据，以及高绩效销售人员在判断客户的犹豫不决时所寻找的"迹象"。知道这些问题的答案，可以帮助销售人员进行判断，这是一笔需要优先考虑、合理分配资源和可预测的交易，还是一笔会逐渐停滞并最终不了了之的交易。

客户如何收集和运用信息

所有销售人员都知道，虽然他们有自己的销售流程，但客户也有相应的采购流程（见图3.1），了解两者之间如何衔接和对应非常关键。但是，优秀的销售人员似乎明白，在一些关键点上，客户的犹豫不决会自行暴露出来，其中之一就是客户如何收集和运用信息。

对现状的偏好　　信息收集　　方案评估　　采购决策　　采购后行为

图3.1　典型的客户采购流程

今天，客户在联系供应商之前自己进行大量的研究是很常见的。我们在CEB（现在是Gartner）期间的研究中发现，普通客户在采购流程已经过了接近60%的时间才会与供应商联系。但当客户最终与销售人员取得联系时，通过演示，试点运行，以及与供应商的主题专家、解决方案工程师、产品团队成员和客户成功经理的接触，他们的研究和学习速度会明显加快。

毫无疑问，对于客户来说，收集和运用信息来支持他们的采购决策，这是完全正常的，正如销售人员希望客户只相信他们的话，而不需要大量的信息一样，不过这是不可能发生的——特别是对于昂贵的、颠覆性的和复杂的产品（对于创新的、未经测试的技术更是如此）。现在很少有客户不花时间做研究、阅读评论、给参考客户打电话，并全面调查供应商的产品。因此，做研究本身并不意味着客户犹豫不决。高绩效销售人员所注意观察的，不过是客户达到有信心的程度所需的信息量，以及他们收集这些信息的方式。

高绩效销售人员凭直觉知道，正常数量的研究或尽职调查，与对信息量的要求大到进入了"分析瘫痪"的区域或者纯粹为研究而研究之间存在着明显区别。当这种情况发生时，销售人员知道他们正在与一个天生就不喜欢模棱两可的客户打交道。研究人员发现，对于那些对模糊容忍度较低的客户来说，含混不清不仅会让他们在做决策时犹豫不决，还会让他们产生担忧和后悔等负面情绪——这对任何销售人员来说都是灾难的根源。

　　在判断客户是否愿意接受模棱两可的情形时，高绩效销售人员观察的第二个"迹象"是行为心理学家所说的"回撤"。这是指客户在采购过程中似乎取得了进展，但突然间新的信息出现了，客户开始退回原位。我们采访过的一位高绩效销售人员告诉我们，对她来说，一个大的危险信号是，当客户正在进行后期活动时，如方案的试点或谈判，突然了解到一些新的信息，如一份分析报告或一个他们此前从未听说过的初创企业。她讲了一个和她打了三个月交道的客户的故事。她的公司刚刚与客户成功地完成了一个试点项目，并开始与采购部门和法务部门进行合同谈判，这时客户抛出了一个重磅消息："我不喜欢这样做，"客户说，"但是，正如你所知道的，新的《Gartner魔力象限报告》刚刚发布，有几个供应商被其评为该领域的后起之秀，但我们从未听说过，更不用说交谈过，所以我们只是想在做最后决策之前和这些供应商谈谈。我们仍然希望与贵公司在合同方面往前推进，我们非常确定其他公司与贵公司的水平并不在一个档次上，但是，如你所知，这对我们来说是一个重大的决策，我们只是希望确保我们已经把功课做足了。希望你能理解我们这么做的认真态度。"这位销售人员告诉我们，她当时就知道，这个客户不会做决策，交易也不会完成。"我礼貌地告诉客户，我们完全尊重他们的流程，并将暂停合同谈判，直到他们决定继续与我们合作。那是六个月前的事了，至今他们还没有就如何推进做决策。"

客户如何权衡取舍

在客户购买过程中，另一个能识别出犹豫不决的信号是客户评估备选方案的方式。我们采访过的高绩效销售人员告诉我们，在这个阶段，他们会留意客户在比较不同的供应商和选项时，是能够以一种有逻辑和结构化的方式进行比较，还是他们只是随意地将"苹果和橘子"进行比较。

心理学家约瑟夫·法拉利（Joseph Ferrari）和约翰·多维迪奥（John Dovidio）解释说："犹豫不决不仅仅是没有及时做出决策。"从本质上说，犹豫不决是一种决策功能障碍，我们不仅可以通过观察决策前发生的事情，还可以通过观察客户做出决策的方式来发现它。例如，许多研究发现，犹豫不决经常会和一个人的"跨维度"思考倾向同时出现。比如说，先专注于一个最重要的因素（如价格），尽全力地研究它，然后突然改变方向，切换到另一个因素（如可靠性），并重新开始。对于销售人员来说，这表现为客户一开始只关注某个功能而完全忽略其他因素（甚至是那些可以为客户提供更多价值的因素），直到后来，他们改变了想法，并认为这个功能实际上对他们来说根本不是最重要的。这些客户可能最终也会做出决策，但他们做出决策的方式不直接并让人难以理解——当然，这预示着客户很有可能最终会怀疑他们自己的决策，并有可能随后推翻它。

在研究员克里斯托弗·安德森（Christopher Anderson）进行的一

项长时间的详细研究中，一个相关的决策功能障碍是，当面对多个选项时，一些人无法高效地进行选项评估。他认为，当面临这样的决策时，人们会采用两种不同的决策方法。第一种被他称为"补偿性选择"方法，也就是权衡并在不同标准中做出取舍。例如，当考虑购买手机时，一部手机较慢的处理速度或较小的存储空间可能会因其较低的价格或附带其他手机没有的配件而得到补偿。因为在权衡实际上是苹果还是橘子这样的问题时本身固有的困难，补偿性选择可能导致客户变得犹豫不决。他解释说，使用这种策略的决策者往往会做出更多次优的选择。

通过采用他所称的"非补偿性选择"方法，可以减少或消除在不同标准之间做出权衡的一些困难。在这种方法中，某些标准更多地被以一种二元化思维来考虑——它们要么是关键的，要么不是。如果某些标准是关键的，那么任何不具有该标准的选项都将被排除。这是在采购中，特别是昂贵、复杂的解决方案采购中人们使用建议邀请书（Request for Proposal，RFP）的另一个原因。由于不同供应商提供的产品有如此多不同的功能，公司通常会使用RFP将供应商的范围缩到足够小，只包含那些能提供特定功能产品的供应商。

例如，假设一家公司正在考虑一个新的客户关系管理（Customer Relationship Management，CRM）系统。可能起初有十多家供应商在其考虑之列，但通过RFP可以划定那些必须满足的功能，把潜在供应商数量缩减到三到四家（例如，供应商必须具备行业知识和经验，使用许可成本不超过一定水平，或者解决方案可以不太依赖供应商的专业服务团队而由内部团队完成部署）。一旦简短名单形成，客户就可以转而采用补偿性选择方法。换句话说，他们已经确保那些入围的供应商都可以胜任工作，现在剩下的只是在竞争者中选择哪家能提供最高价值的问题。

这在今天的消费世界中更是司空见惯。以亚马逊为例，考虑到其庞大的库存，这可能会导致客户在许多看似平等、有吸引力的选择中迷失方向。亚马逊对客户的购买过程进行了专门的设计，使客户能够很容易围绕最重要的考虑划定界限、比较选择，然后做出决策。举个例子，一位客户想购买一台电视机，他可以通过使用平均客户评分、屏幕尺寸、功能、制造商和价格范围等筛选条件，快速确定符合要求的电视机。这样做可以让客户很快从数百种产品中聚焦于少数符合要求的产品。而且，当客户点击他们短列表中的一个选项时，亚马逊会显示一个表格，将所选选项与客户考虑过的其他选项进行比较。通过这种方式，亚马逊巧妙地鼓励了一种非补偿性选择方法，以缩减选择范围，使客户快速地得到一个较小的考虑范围。多年来收集客户行为数据的经验告诉他们，当客户在一大堆选择中转圈时，他们购买东西的可能性要大大降低。

对于一个高绩效销售人员来说，真正的问题是，一个没有使用正式采购流程的客户是否能够独立地以一种合理的、可解释的方式进行他们的评估过程。"对我来说，一个预警信号是"一位明星销售人员告诉我们，"客户难以解释如何创建他们正在与之交谈的供应商的名单。虽然他们通常不会告诉我他们还在和谁交谈，但他们应该能够告诉我他们用来筛选少数供应商的"必备"标准是什么，以及哪些标准被认为不那么重要。如果他们不能解释他们的标准，那就等于告诉我，他们不会以一种易于做出决策的方式来处理这项采购。"

当然，销售人员有自己的方法来弄清楚还有谁在争夺客户的业务，这位销售人员也不例外。但不同的是，这位销售人员会用这种方法来评估客户的犹豫不决程度："客户与某些竞争对手交谈是可以预见的。这些竞争对手和我们一样，都做得很好。他们和我们一起出现在候选名单上没什么不对劲。虽然我们可以说客户把我们和其他对手相比，就像拿苹果和橘子比较一样，但至少客户还在比较不同种类的水果。但当我通过小道消息得知，客户还把跟我们根本不在一个档次的解决方案供应商也纳入考虑名单中时，这是一个非常糟糕的迹象。拿苹果和橘子比是一回事，拿苹果和星期二比则是完全不同的概念了。我会把这些客户放在次要位置，因为他们根本不知道自己想要什么。"

客户是否满足于"足够好"

每个销售人员都知道销售不是一场"完美的游戏"。他们知道，自己公司的产品和服务虽然在某些关键方面优于竞争对手，但可能会在另一些方面落后于其他公司。他们知道不是每个客户或分析师都会给他们的解决方案打高分。即使是最好的产品演示、试运行或概念验证也会出现偶尔的差错和速度问题。真正的问题是你的客户是否对此满意。

1956年，经济学家、诺贝尔奖得主赫伯特·西蒙（Herbert Simon）提出了一个观点：在做决策时，基本上有两种人："满足者"和"最大化者"。在做选择和决策时，满足者对"足够好"很满意。一旦他们找到了满足其要求的选项，他们就会选择它——即使可能有更好的选择。但是，对于最大化者来说，没有"足够好"这回事。"好"更像一个绝对的概念。这并不是说他们没有重要的标准，只是当他们发现一个符合这些标准的选项时，他们倾向于不去选择它，而继续寻找可能更加符合他们标准的选项。心理学家沙朗姆·赫斯马（Shahram Heshmat）解释说："例如，对于大学的选择。为了确定自己的选择是最佳决策结果，最大化者觉得有必要检查每个选择。最大化者严重依赖外部渠道进行评估。他们更倾向于根据声誉、社会地位和其他外部标准来评价自己的选择，而不是问自己是否喜欢。相比之下，满足者会问自己，她的大学是否已经足够好，是否满足她的要求，而不是它是不是'最好的'。"

研究表明，最大化者实际上做出了更好的决策（例如，他们最终选择了更好的选项）。但是，尽管如此，他们对自己的决策没有满足者那么满意。在一项针对大学毕业生的研究中，阿尼·鲁伊特（Arne Roets）和他的同事发现，最大化者选择的工作比满足者选择的工作多出20%的薪水。有趣的是，研究中的那些最大化者对自己的工作选择的满意程度却不如他们的这些同龄的满足者。最终，成为一个最大化者会导致一个人无休止地怀疑自己的决策，并与那些他认为做出更好决策的人进行比较。简单地说，最大化者所付出的所有额外的研究和努力肯定会有回报，但如果你最终对自己的决策还是感到不满意，并且还在纳闷到底什么才会是令人满意的决策，那又有什么意义呢？

大多数行为经济学家都认为，不存在"纯粹的最大化者"，因为一个人不可能在做决策之前消化和处理有关每个选项的所有信息。因此，在某种程度上，最大化在实践中是不可能实现的——可能是因为人类认知的局限，可能是因为做决策的时间有限，也可能是因为缺乏完善的信息来评估选项。这就是为什么出于意图和目的的考虑，大多数人最后终止于满足，以此作为一条做决策的捷径。但我们知道，在现实世界中，这并不能阻挡许多客户追求完美，他们通常非常乐意"让完美成为不错的敌人"。

高绩效销售人员告诉我们，他们总是在留心辨别那些追求完美、更关注缺点而不是通过购买能得到什么好处的客户。我们采访过的一位销售人员告诉我们，她总是在与客户的互动之后——无论是对采购委员会的销售拜访或演示这样的小事情，还是项目试点或概念验证这样的大事情——让她的主要联系人告诉她事情进行得如何。"我想知道我们在哪里做对了，在哪里做得不好。当客户回复的时候，我总是认真揣摩字里行间的意思。他们的反馈重点是放在做得不好的方面，还是那些不错的进展？他们是列出了更多进展顺利的事项，还是更多进展不顺利的事项？他们用什么视角描述这些进展不顺利的事项？比如，这些进展不顺利的事项是引发将来失败的种子，还是提供了未来改善的机会？"

她接着举了一个例子："当我们进行项目试点时，开始总是会出现一些问题，因为我们还没有集成到客户的现有系统中，所以事情往往需要手动干预，我总是提醒我的主要联系人。但当最后我问客户事情进行得怎么样时，并非所有客户的反应都一样。我可能有两个完全相同的试点，但其中一个客户会说，'天哪，启动和运行起来对我们团队来说真的太难了'或'我需要在这里做一些止损控制'，而另一个客户会说，'启动和运行需要更多的工作，不过你事先提醒了我们这一点，一旦运转起来了，平台的表现还是完全符合我们的期望的。'仅仅根据这些反馈，我就能判断出这个机会到底是会迅速推进，还是将成为一场持久战。"

客户延迟采购的性质

即使高绩效销售人员，也可能忽略客户犹豫不决的迹象，直到客户以延迟采购的方式表现出来。在所有与犹豫不决有关的行为中，延迟——也就是说，当客户没有及时做出决策——是我们最常将之联系在一起的行为。销售人员可以证实这一点，即他们完全同意所有的客户都会有延迟的行为。但是，正如我们从社会科学和对高绩效销售人员的采访中了解到的，并不是所有的延迟都是一样的。

几十年的社会科学研究表明，事实上，有两种性质不同的延迟：
拖延和决策规避。

拖延是我们很多人都能想到的——把事情推迟到最后一刻或超过
最后期限的行为。这种行为其实很常见。约瑟夫·法拉利解释说：
"每个人都会拖延，但不是每个人都是'拖延症患者'。研究发现，
20%的美国男性和女性是慢性拖延症患者。他们在家庭、工作、学校和
人际关系上拖延。这20%的人把拖延当作他们的生活方式，所以当需要
报税时他们当然会拖延。美国是一个'实干家'比较多的国家，但我
们也像其他工业化国家的人一样，也有不少'等待者'。"另一项独
立的研究发现，80%~95%的大学生存在拖延的现象（任何有上大学的
孩子的读者可能都不会惊讶，但他们会为整个美国居然有20%的人口是
拖延症患者而感到惊讶）。

对于销售人员来说，有时似乎每个客户都是拖延症患者。如今，
因客户的原因而导致交易拖拖拉拉、迟迟不能有结果是很常见的。这
并不是说他们在做决策的过程中没有取得进展，只是他们似乎想出了
书中所有的借口来解释为什么今天没有做决策。这种延迟表现为多种
形式——有时是与公司部门（如法务部门）之间的超长时间的沟通造
成的，有时是向销售人员提供所需信息的时间过长造成的。这些延迟
可能会让人觉得莫名其妙，因为从很多方面来说，事实的确如此。客
户不会给你一个"不"，而更多的是一个"还没有"，似乎任何推动

他们加快速度的努力要么遭到漠视，要么遭到彻底抵制。

心理学家埃里克·拉欣（Eric Rassin）认为人们拖延的原因有很多："有些人不愿意开始一些活动，因为他们对自己完成这些活动的能力没有信心。对于这些人来说，拖延是一种暂时应对可能的失望和自尊心打击的方法。另一些人是因为他们喜欢或'需要'最后期限的压力来帮助他们展现出最好的状态。不过，尽管客户拖延有很多原因，但犹豫不决很可能是其中之一。

然而，拖延不同于客户推迟决策的另一个更糟糕的原因——决策规避。当客户拖延时，他们仍然计划采取行动，他们只是暂时推迟了，而决策规避没有这样的意图。"决策规避，"克里斯托弗·安德森（Christopher Anderson）解释道，"表现为一种倾向，通过推迟或寻求不涉及行动或改变的简单方法来避免做出选择。"换句话说，客户拖延、推迟做决策有很多原因，而一个规避决策的客户推迟做决策只有一个原因：这样就不用做决策了。

遗憾的是，决策规避现象也并不罕见。像安德森这样的心理学家认为，决策规避的倾向正变得越来越普遍，尤其在西方社会，人们被无休止的选择和各种选项信息轰炸——这一点我们将在接下来的两章中讨论。此外，决策规避与人类避免不必要努力的天然欲望有着千丝万缕的联系。正如拉辛所说："一般来说，生物会努力以尽可能低的代价达到目标。因此，如果一个人不是非得做决策，那么不做决策似乎是合乎逻辑的。"

对于销售人员来说，决策规避就像拖延的孪生兄弟。而且，由于它们通常会以类似的方式表现出来，销售人员可能会把采购延迟误认为仅仅是客户在拖延的迹象，而实际上客户根本不打算做决策。所以很显然，销售人员不仅需要意识到拖延和决策规避之间的区别，还需要寻找"蛛丝马迹"，帮助他们确定是哪一种原因导致了采购延迟。将采购延迟误认为客户只是在拖延，而实际情况要严重得多，这可能导致销售人员对于一笔交易的过度乐观的预测。这些就是沮丧的销售经理经常发现自己不得不介入并下决心移除的那些机会——但在此之前，他们为了完成这笔交易，已经花费了数天、数周，甚至数月，而这些时间本可以（也应该）花在更可能有结果的机会上。

销售人员如何区分拖延的客户和根本就想避免做决策的客户？高绩效销售人员告诉我们，他们可以简单地从客户拖延的方式中发现差异。引用我们采访过的一位销售人员的话来说，"客户取消本周的电话，并问我们是否可以把它推迟到下周，这是一回事，但如果客户告诉我'现在不是时候'或'事情的优先级有改变'，然后问我们能否在下个月、下个季度或明年继续对话，那就完全是另一回事了。这些客户根本就不想做决策，要么他们自己还没想清楚，要么他们只是不想扫我的兴但又不好直说。不管怎样，当我听到这句话时，我就会停止在他们身上花时间，并暗暗责备自己，因为我该早点发现这一点。"

当客户没有发出这些明确的危险信号时，我们发现高绩效销售人员一般会提出"明确的要求"来引导客户回应，以理解是什么导致了他们正在经历的延迟。例如，这些销售人员会要求犹豫不决的客户安排一次与主要采购团队成员或IT、法务、人力资源、财务或采购部门的公司领导的会议，以判断他们是否在拖延，或者还是有其他事情阻碍了进展。如果客户不打算做决策，像这样的要求——尤其是当客户被要求占用忙碌的同事的时间时——可能会暴露问题。如果客户同意销售人员的请求并让同事参与进来，就可以验证客户积极的意图和把事情向前推进的意愿。如果不是这样，这可能表明他们根本就没有推进交易并最终做出采购决策的意愿。

有时候，弄清楚是什么导致了延迟也很简单，只要问就行了。一个很有说服力的例子来自一家科技公司的CEO，他告诉我们，他在参加一次会议时遇到了一位他的销售人员跟进了几个月的客户。"这个客户貌似已经准备好采购，"他告诉我们，"负责这笔交易的销售人员每周都预测这笔交易会很快完成……然后六个月了也没完成。所以，当我在活动中看到这位客户时，我问他是否愿意和我一起喝杯咖啡，当我们坐下来时，我问他是否发生了什么事情。"客户解释说，他们公司的战略优先事项发生了变化。CEO问新的优先级是什么。当客户列出这些优先事项时，CEO回答说："你知道，我们的解决方案将直接解决你们六个优先事项中的四个。所以，我想知道是否还有其他事情让你担心？"经过不断的追问，他终于知道了他们一直回避做出这个决策的真正原因：该客户在前一年曾被游说对另一个平台进行了一大笔投资。当他向首席财务官陈述理由时，他说这项投资将为公司解决一系列问题。但事实证明，这个平台实际上并没有他们想象得那么好，那个销售人员将推销的产品描述得过好了。"所以，这就是客户为什么那么不放心并和我们反复交谈，"这位CEO解释道，"但更重要的是，这位客户表示，他已经有过不良记录了，他很害怕与首席财务官会面，要求为我们的平台提供新的投资。"

最后，这位CEO告诉我们，揭开客户持续拖延背后的真正原因对他的团队有两个好处。首先，这使他们能够把时间集中在帮助客户准备跟他们的首席财务官的对话上。其次，也许更重要的是，让他们知道不应该预测这笔交易会很快完成，而应该降低这笔交易的优先级。他说："降低一笔似乎近在咫尺的大交易的优先级是令人痛苦的，但继续为一笔实际不太可能成功的交易投入时间和资源会更痛苦。"

加剧因素

关于犹豫不决的心理学研究还指出，一些外部因素，无论是基于时间（例如，"你只能在本周末之前做出这个决策"）还是基于这个决策的重要性（例如，正在考虑的产品或服务的成本，或者如果做出了糟糕的决策可能产生的后果），都会放大客户的犹豫不决，使交易更有可能因无行动而告终。

例如，为了测试决策重要性对犹豫不决的影响，研究人员罗伯特·拉多色（Robert Ladouceur）和他的同事让两组志愿者对不同颜色的药片进行了分类。第一组被简单地要求按颜色分类，但第二组被告知这些药片将被运往一个几乎没有人识字的国家。因此，对于第二组志愿者来说，对不同颜色的药片进行正确分类至关重要，否则患者可能会出现不良的药物反应。与只被要求按颜色分类的那组志愿者相比，被给予额外"压力因素"的那组志愿者在犹豫和重新检查他们的工作上花了更多的时间。对销售人员来说，他们知道，随着决策重要性逐渐上升——因为高昂的价格或者对个人或商业层面的影响——交易可能会逐渐陷入停滞。决策重要性甚至可以令看起来果断的客户变得犹豫、踌躇和紧张。

时间压力是强化客户犹豫不决倾向的另一个因素。具有讽刺意味的是，施加时间压力是销售人员经常用来让客户在合同上签字的技巧——"惊爆优惠条件"和限时价格保证或折扣，是销售人员用于让那些更愿意等待的客户今天就下定决心的老套路了。这一点我们将在本书的其余部分进行更详细的探讨，但我们的数据也明确指出了这种压力销售战术的无效性。如果有什么区别的话，那就是它们提高了客户犹豫不决的可能性，而不是降低了。

综合一下

当我们考虑高绩效销售人员重点关注的犹豫不决的四个维度时——客户如何收集和运用信息，客户如何权衡取舍，客户是否满足于"足够好"，以及客户延迟采购的性质——一个有意义的框架模型就出现了，它可以让所有的销售人员都像顶尖的销售人员一样评估客户犹豫不决程度（见图3.2）。

模糊容忍度	1	2	3	4	5	6	7	对确定性的要求
结构化的方案比较	1	2	3	4	5	6	7	非结构化的方案比较
满足者	1	2	3	4	5	6	7	最大化者
拖延	1	2	3	4	5	6	7	规避决策

图3.2　评估客户犹豫不决程度的计分卡

对于计分卡中的每个维度，销售人员都要给客户打分——在任何一个给定维度上的得分越低，表示客户越果断；得分越高，表示客户越犹豫不决。根据经验，总得分超过22分的销售机会就要考虑放弃了，或者至少其优先级需要被销售人员调低，并被销售经理更仔细地审查（JOLT Effect网站提供了该记分卡的互动版本）。在给销售机会打分时，销售人员还得考虑我们讨论过的加剧因素，如决策的重要性和时间压力。即使根据计分卡的得分，客户属于偏果断型的，有时加剧因素会放大潜在的犹豫不决倾向，使表面上看起来不错的销售机会被降低优先级考虑，甚至被完全放弃。

结论

最好的销售人员知道时间是他们最稀缺的资源。虽然众所周知，明星销售人员会积极地筛选和主动放弃一些销售机会，但我们一直以为这主要（如果不是完全）是基于一些"外部"标准，如行业、客户财务状况、可用预算、是否有兼容的系统和流程等。但直到现在我们才意识到，高绩效销售人员也会根据"内部"标准（客户表现出的犹豫不决的程度）来决定主动放弃一些机会。虽然这些销售人员知道，即便面对非常犹豫的客户，他们也有可能赢得交易，但他们也更具智慧并知道，什么时候该把时间花在什么地方。正如我们在本章开头分享的那位销售人员所讲的，销售人员需要衡量的不仅是客户的购买能力，还有他们的决策能力。

我们还了解了四个关键的筛选维度，它们共同构成了犹豫不决的"酸度测试"，高绩效销售人员用它来评估客户犹豫不决的程度。最好的销售人员能够分辨出一位客户是具备一定的模糊容忍度，还是在做决策前必须事事明确；是能用结构化的方法对备选方案进行比较，还是不能；是满足于"足够好"，还是不达"完美"决不罢休；是在拖延，还是在规避决策。

他们还会考虑一些加剧因素，如决策的重要性和时间压力，因为这些因素可能放大原本可以接受的犹豫不决程度，导致交易很可能不可挽回地陷入僵局。而且，无论交易最终是否达成，最佳销售人员最后都会问一个同样的问题：我能从这次销售机会中学到什么，以便更好地为下一次机会做准备。

如果读者能从我们到目前为止的讨论中得出一个明确的结论的话，那就是：感到不知所措、无法行动以及因其他原因而无法做出决策，绝对是一种人类现象——一种完全正常的客户行为。在很多方面，这是我们作为人类与生俱来的。但知道如何发现难以处理的犹豫不决迹象，并做出艰难的决策，以放弃一个可能在表面上看起来很好但最终不会有结果（或可能有结果，但很可能随后出现决策后功能障碍）机会或降低其优先级，这是高绩效销售人员的关键技能之一。

在第4章中，我们将探讨高绩效销售人员的另一行为：主动提供建议。

04

第4章

主动提供建议

　　心理学家巴里·施瓦茨（Barry Schwartz）在他开创性的著作《选择的悖论：用心理学解读人的经济行为》中分享了一个关于他自己购买牛仔裤的精彩故事。对于消费者来说，货架上只有一种牛仔裤的日子一去不复返了。如今，货架上摆放了所有你能想到的裤型、颜色：直筒裤、小脚裤、阔腿裤、烟管裤，浅蓝色、深蓝色、黑色，应有尽有。施瓦茨知道自己的牛仔裤尺码，本以为进店后很快就能买好，结果却面临众多选择。虽然他最终选了一条，但他感觉不太好，走出商店，心里还想着是不是应该换一条。

　　施瓦茨接着描述了我们作为消费者今天面临的众多选择——从杂货店里的沙拉酱到电信运营商为移动电话和数据流量提供的选项，再到B2B软件供应商提供的各种配置和支持计划。而给人这种感觉的不仅仅是在产品领域。给客户更多选择的愿望几乎渗透到我们生活的方方面面。在今天的医疗保健行业，他解释说，医生不太可能告诉患者他们应该做什么，而更有可能列出各种各样的治疗方案，每种方案都有利弊。即使被要求提供意见，这些医生通常也会拒绝——他们建议最终的选择应由患者做出。施瓦茨认为，西方工业社会建立在这样一个基本信念之上，即"人们拥有的选择越多，他们拥有的自由就越多，而他们拥有的自由越多，他们的福利就越好"。他在著名的TED演讲中解释道："这种信念深深植根于人们的观念中，任何人都不会质疑它。"

　　但问题是，我们面对的是无穷无尽的选择——虽然看起来是件好事，但实际上对我们产生了相反的影响。当面对大量的选择时，我们最终并没有得到"解放"，事实上，我们被自己的犹豫不决困在了原地。我们中任何一个人都曾面临做出购买决策——像房子这样重要的物品、帮助经营企业的软件、自己的医疗保健方案，或者像手机或鞋子这样无关紧要的物品——都会对施瓦茨关于买东西之后就开始怀疑自己的选择这样的故事产生共鸣。最终，那些原本有购买想法的客户会因为纠结于如何评估摆在他们面前的不同选择而最终什么都不做。

　　为什么会发生这种情况？施瓦茨认为，这种选择使人们痛苦的原因有几个。一是，随着选择的增加，犯选择错误的可能性也会增加。而且，由于我们在本书前面讨论过的可预见的后悔效应，它导致人们宁愿最终置身事外，也不做任何选择。这在任何销售情况下都是一个常见的现象，无论是面对消费者还是企业。客户明明知道他们需要销售人员向他们推销的产品或服务，而且这些销售人员也成功地攻克了客户对现状的偏好，但接着客户就开始发愁到底该购买哪个了。

　　例如，客户开始考虑是否应该购买存储空间更大的手机。这是一份三年的购机合同，他们不想在一两年后存储空间就不够用了……但话又说回来，更大存储空间的型号要贵得多，远远超出了他们的预算。类似地，当客户盯着采购合同时，他们犹豫了：公司真的需要高级版本的软件吗？或者标准版本就足以满足需求了？他们可以看到公司用了一些在演示中看起来令人印象深刻的高级功能所带来的好处……但他们又不愿看到，花了公司紧张的预算而最终这些功能没被用上。简言之，我们提供给客户的选择越多，他们就越倾向于按下暂停键——或者，在某些情况下，完全停止这笔交易。客户认为，与其做出错误的购买决策，还不如什么都不做。

退休计划提供商Vanguard的例子生动地说明了在面对太多选择时，客户往往持观望态度。对退休账户所做的研究表明，雇主为养老金计划每增加10只投资基金的选择，员工参与该计划的比例就会降低2%。这意味着对于一家提供50只投资基金的公司，其员工的参与率比提供少量选择的公司低10%（见图4.1）。

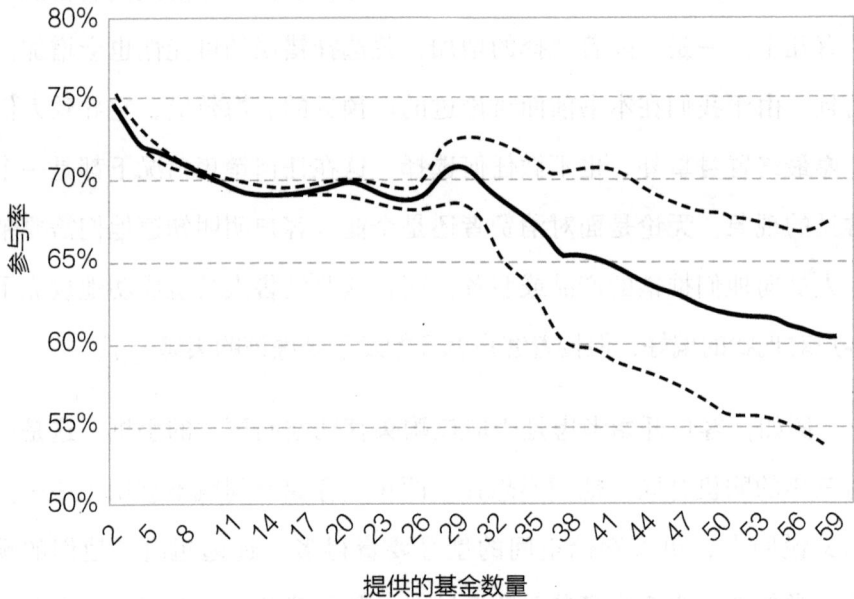

图4.1　员工参与率的对比——标准401退休养老金计划与提供的基金数量

其次，客观来说，即使能够做出一个好的选择，我们最终也不会感到那么满意，因为我们总会想自己是不是可以做出更好的选择。这种"决策后功能障碍"（我们将在第8章详细讨论）是客户犹豫不决的典型标志。在销售中，我们常常通过强大的意志力让犹豫不决的客户最终在合同上签字。但施瓦茨和其他人发现，做出选择（或决策）通常不是客户犹豫不决的终点，这只是个开始。对于客户来说，对"本来可以是什么样子"的执念会不断困扰他们，使他无法完全接受刚刚购买的东西。这不仅会给客户带来不满意的感觉，而且也预示着客户正在反悔或可能的订单正在流失。

再次，当我们面临更多的选择时，满足感的标准会不断提升，最终让我们觉得我们只不过是"将就"自己所做的选择而已。读者应该还记得我们在第3章讨论过的关于满足者和最大化者的问题。满足者只会在决策中寻求某些属性和标准最优，而最大化者则会要求在所有属性上最大限度地达到他们的标准。

对于销售领导者和销售人员来说，一个非常令人不安的想法是，许多我们认为是满足者的客户——因为他们很容易做出取舍，也很容易表达他们的购买意愿——在被要求真正完成交易时，他们会变成最大化者。当只是涉及意向层面时，客户更容易成为满足者。客户很容易说他们想买什么，因为这不需要他们花费什么或承担任何风险（大不了就是在销售人员面前丢些面子）。因此，对于销售人员来说，如果客户在一开始就毫不费力地做出自信的取舍，你不应该对此感到奇怪。在无关紧要的场合，每个人都很果断。但是，当涉及真正的行动时，就需要考虑可能要承担的风险了。一旦在合同上签了字，产品交付了，当事情出错时，就需要有人为此担责。由于这个原因，客户潜在的最大化者倾向在采购过程后期会被放大。在签字时，曾经果断的客户开始打退堂鼓。他们吞吞吐吐，要求保证一切都不会出错，或者万一出了问题他们也不会被弃之不顾。当要签合同时，果断早就消失在九霄云外了。

最后，选择会让我们感到不舒服，因为当我们觉得自己做了错误的选择时，我们会责怪自己。这是本书前面提到的"做错"的问题。"做错"是指，我们觉得因为自己做了某件事而损失了什么。例如，如果我们选择了错误的产品，或者没有谈成一个更低的价格就签了协议，或者在为我们的业务选择解决方案时，我们优先考虑了错误的功能和利益。这与"错过"不同，"错过"是指我们因为没有做某件事而蒙受损失。例如，错过了加密货币的上涨，因为我们当初选择了不投资加密货币。

在本书开头，我们首先将客户的犹豫不决描述为一个根源于"损失规避"的问题——一个后来我们解释为源自"预期理论"的概念。这是不可否认的事实：虽然在销售的早期阶段主要任务可能是说服客户如何避免因他们的无行动而造成的损失，但在销售的后期阶段主要任务则是打消客户对因他们的作为而造成损失的顾虑。当客户环顾四周，意识到如果采购导致了损失或一些原本可避免的负面结果，而且他们个人将承担责任时，这种对损失的恐惧就会更加强烈。

设想这样一个客户，他打算更换当前的财产保险供应商。当客户意识到，旧的保险涵盖了一些新的保险供应商没有提供的保险时，他会想，如果有什么事情发生了，例如，水管爆裂了，该怎么办呢？当他向他的伴侣解释发生了什么的时候，他能责怪谁呢？这是他的错，因为他没有考虑到保险范围的重要差异。或者，设想一位经理正在带领一个采购委员会评估他们公司的一项大型投资。虽然委员会也发挥了作用，但是这位经理最终"拍板"并对上级说："我建议我们与这家供应商合作。"而当事情发生了差错，那位经理也将因为在这次不成功的采购上浪费了公司的时间、金钱和资源而承担后果。损失是所有客户都想避免的。但是，对于个人要为之承担责任的损失，所有客户都会想方设法避免，就像躲避瘟疫一样，唯恐避之不及。

两难的选择

所有这些因选择太多而压倒了客户的证据似乎让解决方案变得显而易见：减少选择数量，这样客户就不会纠结于可能导致犹豫不决的选择困难。但事实证明，事情并没有那么简单。

虽然似乎把客户的选择数量降到尽可能少会让他们更容易做出采购决策，但也有大量数据表明，尤其是在采购过程的早期，客户实际上还是会被更多选择的想法所吸引。只有在采购过程的后期，这些众多的选择才会成为问题。这就是研究人员希娜·艾扬格（Sheena Iyengar）和马克·莱珀（Mark Lepper）在他们著名的"果冻"实验中发现的。为了测试选择数量对客户的影响，他们在当地的一家杂货店里摆了一张桌子，上面放着24种不同口味的果冻，供进店的顾客品尝和购买。事实证明，丰富的选择对进入商店的顾客很有吸引力，60%的顾客会在桌子前停下来品尝其中的一种。但是，尽管有很多顾客进行了品尝，但最终只有3%的人买了一罐。然后，在另一天，他们再次摆好了桌子，但这一次只提供了6种果冻供试吃。数量有限的选择对进店顾客就没那么有吸引力了，只有40%的顾客选择了品尝。但是，更少的选择数量带来了更高的转化率：来到桌旁的顾客中，有30%最终买了一罐。因此，解决方案并不是一味地减少客户的选择数量，而是要知道什么时候应该缩小选择范围以促使客户做出决策。

高绩效销售人员似乎凭直觉就知道这一点——知道什么时候该"百花齐放"，什么时候该告诉客户挑选哪一朵。在对销售对话的研究中我们发现，就像他们的普通销售同事一样，高绩效销售人员也会在早期进行诊断，并使用探索性的问题来了解客户的想法和需求，但到了特定时候，他们会主动建议客户应该买什么，以避免他们为过多的选择所困。

有效推荐需要具备两种技能

在我们的研究中，有两种技能特别突出。第一种我们称之为"主动指导"，也就是销售人员从被动（例如，"帮助我了解您需要什么"）转变为主动的客户沟通方式（例如，"这正是您需要的"）。主动指导对赢率有明显的积极影响。在我们的分析中，我们发现当销售人员使用这一技能时，赢率从18%跃升至44%——提高了144%（见图4.2）。

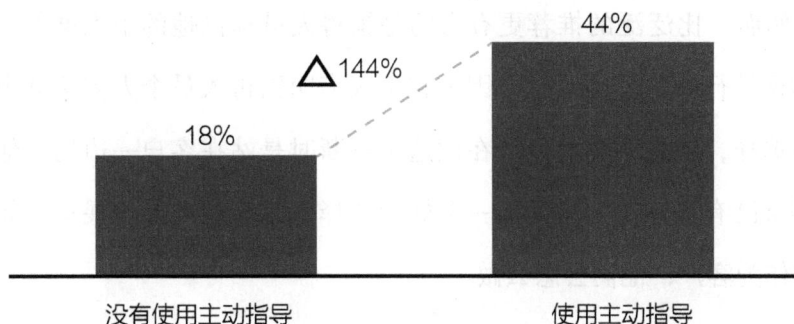

图4.2　主动指导对赢率的影响

　　主动指导在实践中听起来像什么？在很多方面，它听起来像"怂恿"，为客户提供一些方向。"这种配置是我们最受欢迎的。"一位销售人员解释说。另一位销售人员会跟他的客户指出："我们的大多数新客户都是从这个计划开始的，然后随着他们需求的扩展而升级。"有时，我们发现这种指导是在客户对做出决策表现出一些犹豫之后提供的。这些销售人员可能在试图避免这样的情况：他们主动推荐了一个选项，而客户更喜欢另一个选项，因此这可能让客户觉得自己的选择很愚蠢。一旦高绩效销售人员感觉到客户的犹豫和不确定性开始冒头，他们就会立即提供一些指导，以帮助缩小选择的范围，从而使客户更容易做出决策。尽管这种方法也很有效，但我们发现，高绩效销售人员甚至在客户对如何评估摆在他们面前的不同选择表示困惑之前，也往往比他们的销售同行更经常地主动提出他们的建议。这种技巧——预见需求和反对意见，我们将在第5章更详细地探讨。

然而，比泛泛的推荐更有力的是销售人员提供他的个人推荐。我们称这种行为为"倡议"，因为它不仅表明销售人员个人支持某个特定的选择，还表明销售人员在做这个判断时是站在客户一边的。他们觉得自己有责任让客户做出一个好的选择，并希望向客户展示，如果他们作为客户，他们会怎么做。

我们发现这些明星销售人员会跟客户说"如果我是您，我会这么做"或"我一直都告诉我的客户他们选×准没错"。这些销售人员能够这样做是因为，正如稍后我们将在书中讨论的，他们已经证明他们是值得客户信赖的专家——不仅能为客户提供指导，也不会为了纯粹做笔大交易而有意提供偏颇性建议。这相当于给信息推荐（例如，"这是一个受欢迎的选项"）加盖了一个私章（例如，"我个人更喜欢这个选项"），通过普通的指导就能实现赢率的提升。在我们的研究中，我们发现使用倡议可以使赢率从19%跃升至33%（见图4.3）。

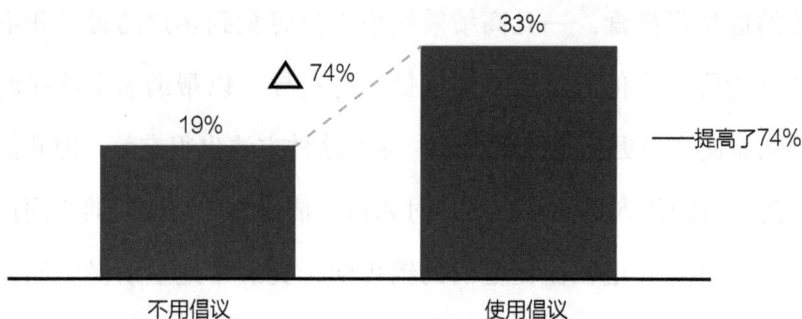

图4.3 倡议对赢率的影响

如果合在一起使用，主动指导和倡议是解决客户选择困难问题的有力组合拳。这些被高绩效销售人员用于破解施瓦茨所说的经常会导致购买后悔、决策后功能障碍，甚至通常根本不做任何决策的"选择悖论"。

在分析中，我们根据销售人员使用这种技能组合的频率及其对赢率的影响，对销售对话进行了分类研究。我们发现，大约40%的情况下，销售人员如果两种技能都不使用，结果赢率低至13%。当销售人员至少使用其中一种技能时，赢率就会超过我们研究中的平均水平，达到29%。在罕见的16%的销售对话中，我们发现两种技能都被使用情况下赢率高达48%（见图4.4）。

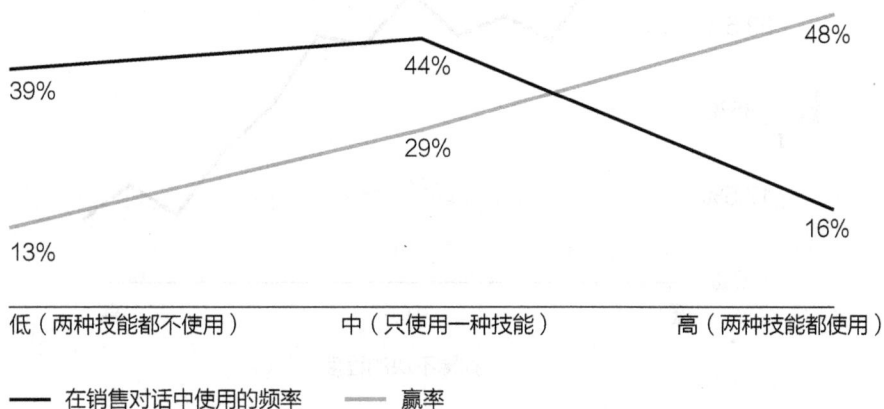

图4.4　使用技能组合的频率对赢率的影响

不出所料，我们的分析表明，当面对犹豫不决程度较低的客户时，技能组合会显著提高赢率。当我们观察犹豫不决程度较低的客户时，我们发现技能水平高和水平低的销售人员，他们的赢率有240%

的差距（见图4.5）。毫无疑问，这是一个巨大的差距。但是像我们在本章中讨论过的，这些技能在任何情况下都能带来赢率自然的提升，而不仅仅是那些"容易"的情形。当我们观察最困难的销售对话情形（最犹豫不决的对话）的转化率提升时，它是一个数量级的提升——确切地说，是530%。虽然在这些情况下，绝对赢率总是较低，但也可以说明另一个事实：当面对高度犹豫不决的客户时，绩效一般的销售人员会彻底沦陷（拿客户没办法）。我们看到，在客户犹豫不决程度高和销售人员技能水平低的情形下，赢率低于2%。而相比之下，高绩效销售人员依靠他们的技能，仍然有13%的赢率。

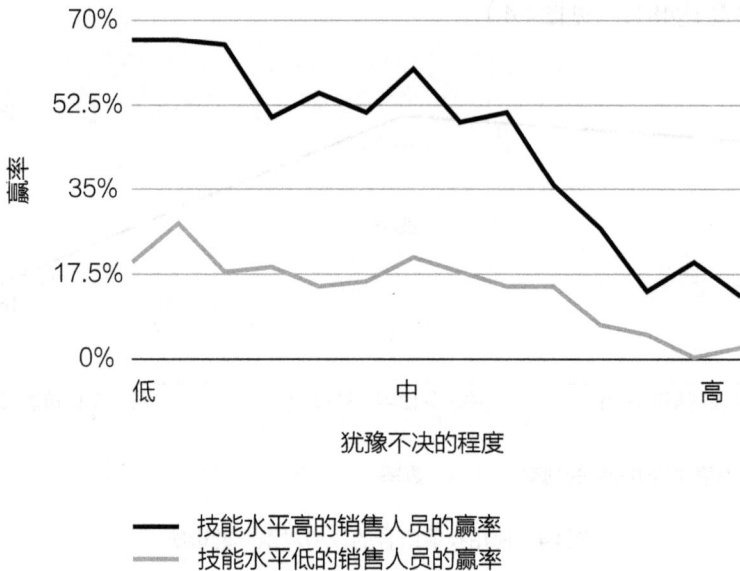

图4.5 根据客户犹豫不决的程度，技能水平对赢率的影响

如何避免放大客户的犹豫不决

和使用这些技能来提出有力的、可以克服客户犹豫不决障碍的建议同样重要的是，知道应该避免做什么。

总的来说，绩效一般的销售人员在面对客户犹豫应该买什么时，不是用主动推荐，而是用更多的提问："对你来说什么是重要的？""你想从解决方案中得到什么？""有什么问题是我可以回答的，以帮助你做出决策吗？"他们完全按照培训中所学做出反应：他们不是引导客户做出决策，而是一味顺从客户的意见，任由他们的犹豫情绪滋长。长期以来，这种对客户的需求只是被动回应而不是根据客户情况主动提供建议的倾向，在销售人员中根深蒂固，以至于变成一种条件反射，几乎成了一种本能。

需要明确的是，诊断客户需求并提出探索性的问题并不是一件坏事。毕竟，我们发现，当在销售对话一开始的时候使用这类问题，可以对赢率产生积极影响（因为它能帮助销售人员根据客户在与销售人员接触之前已经做的事情以及了解到的情况，调整他们的对策）。但是，当面对客户犹豫不决时——当客户明显不知道他们面对的众多选项中哪一个是正确的选择时——这种方法可能会适得其反。在研究中我们发现，当销售人员诊断需求并提供个人推荐时，销售赢率为36%，远高于26%的平均水平。但是，当销售人员进行"开放式诊断"（诊断需求但不提供任何建议）时，赢率骤降至14%（见图4.6）。

36%

△ （61%）

14%

销售人员诊断客户需
求并做出推荐的赢率

销售人员诊断客户需求
但没有做出推荐的赢率

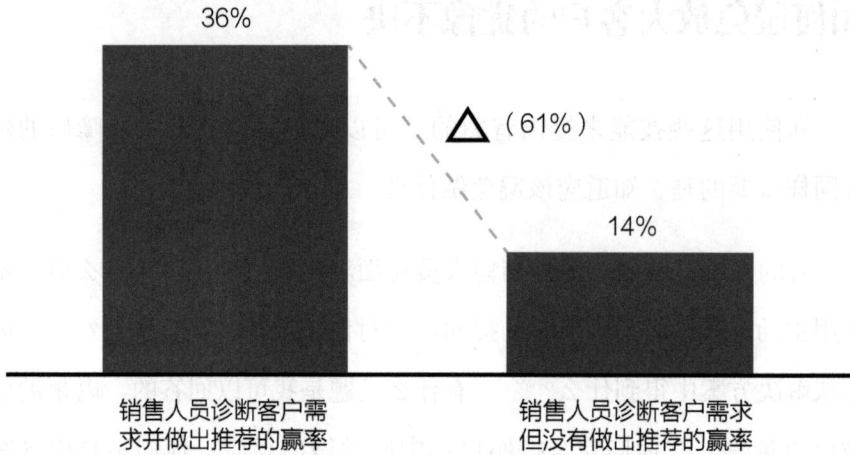

图4.6 "开放式诊断"对赢率的影响

在一个又一个的销售对话分析中，我们发现绩效一般的销售人员往往错过了客户的各种"提示"线索——其实这时候客户只是想有人告诉他们应该买什么，并给他们采取行动的信心。而且，在几乎每一个这样的例子中，最终结果都是客户说他们"需要再考虑一下"。

结论

从第1章中我们就知道，客户的选择困难——如何评估不同选项的价值——是困扰客户、造成他们在做决策时犹豫不决的三个原因之一，也是销售人员希望达成交易、让客户采取行动必须解决的问题。

社会科学告诉我们，过多的选择会因为种种原因使客户深受困扰。可能是因为太多的选择意味着做出错误选择的概率会上升；也可能是因为它会让人产生购买后后悔的感觉——因为他们担心自己做出了勉强的选择，或者他们相信如果能再多等一会儿，真正把事情考虑清楚，他们会做出更好的选择；还可能是因为担心，虽然这已经是最佳的选择，但如果没有获得预期的成功，他们只能自己承担责任。

高绩效销售人员会使用主动指导和倡议相结合的方式，向客户提出强有力的个人建议，从而消除这种造成犹豫不决的根源。这样做可以减轻客户的选择压力和负担。销售人员会告诉客户，他们是在做正确的或者其他客户也已证明是令人满意的选择，以消除他们对做出错误选择的担心。类似地，当销售人员信心满满地给客户推荐正确的选项、最好的配置和理想的方案包时，也会彻底打消客户担心自己做了一个勉强的决策，或者等一等做出更好的选择等念头。而且客户对因为自己做了一个糟糕的决策而需独自承担责任的担心，也会由于销售人员主动提供建议而缓解——这些销售人员往往会说："如果你对这个选择不完全满意，你可以责怪我，但我肯定你会满意的。"

对销售人员来说，向客户提供自信的建议这个想法是令他们吃惊的。因为数十年的培训和辅导一直在告诉他们要做相反的事情。大多数销售人员在看到客户因为选择困难而挣扎时，他们会询问客户想要什么，顺从客户的偏好，专注于诊断并对客户的需求做出回应。然而，这对于解决客户的选择困难问题并没有什么帮助。

在第5章中，我们将探讨造成客户犹豫不决的第二个原因——信息不充分，并分享我们的发现，即高绩效销售人员如何应对客户无休止的研究欲望。

05

第5章

限制探索

客户在采购之前想要做好功课是非常正常的，特别是当他们考虑的解决方案涉及成本、风险、业务中断或行为改变时。但是，多少信息才"足够"让一个客户做出决策呢？一个好的经验法则是"P=40~70"。

这一概念是美国前国务卿科林·鲍威尔（Colin Powell）提出的。他在职业生涯中撰写并发表了大量关于领导原则的文章。鲍威尔解释说："使用公式P=40~70，其中P代表成功的概率，数字表示掌握信息的百分比。一旦掌握了40%~70%的信息，就大胆去干。"根据鲍威尔的经验，用不到40%的信息来做的决策只是猜测，而等到掌握了70%以上的信息再做决策便成了拖延。"如果你的正确概率低于40%，就不要采取行动，"他说，"但也不要等到你掌握了足够多的事实、百分百确定时，因为到那时基本上都太晚了。以信息收集为名的过度拖延会导致'分析瘫痪'，而以降低风险为名的拖延实际上增加了风险。"

尽管从逻辑上讲，这个公式很有说服力，但销售人员总是看到客户没有按照这个原则来行事。我们采访的高绩效销售人员指出，过多的请求——例如，要求给同组的相关人进行额外的演示，要求提供多个参考客户电话和不断的方案改版——都是客户在做决策之前希望寻求确定性的标志。具有讽刺意味的是，客户很可能知道，在做出购买决策之前，他们永远不可能使用所有的信息，也不可能获得完全的确定性，但这通常不会阻止他们尝试这么做。在某个时刻，客户所拥有的信息可能已经足以帮助他们做出明智的决策了，可问题是，客户自己是否也意识到这一点。

那么，高绩效销售人员会做些什么来避免他们的客户这么无休无止地做无用功呢？

我们对销售对话的分析揭示了高绩效销售人员用来限制探索的三种技巧：掌控信息流、预见需求和反对意见、绝对坦率。

掌控信息流

也许，要抑制客户想要做更多研究的冲动，对于销售人员来说最重要的就是掌控信息流。销售人员的目标不是阻止客户自己做研究，而是将自己塑造成一个主题专家和客户学习过程中值得信赖的顾问。这就向客户传递出一个信息：客户正在与一个比自己更了解产品或服务的人打交道。它向客户表明，他们个人不需要做更多的研究，因为销售人员已经为他们做了，从而最终帮助客户放松下来。对于高绩效销售人员来说，这一切都是为了防止客户自己试图成为专家而做无用功。

在研究中，我们发现了一些掌控信息流的策略。首先，相比之下，高绩效销售人员更不太可能把谈话的控制权随便交给自己组织内的其他人。具体来说，我们发现高绩效销售人员在销售对话中对解决方案工程师、产品负责人和客户成功经理等主题专家的依赖程度要低于绩效一般的销售人员，而那些绩效一般的销售人员往往更早地在销售对话中引入主题专家。

　　我们把这个发现告诉了一些优秀的销售人员，他们的反应让人大开眼界。"我们的组织中有大量的专家，"一位销售人员告诉我们，"但当我把这些人带进销售对话中时，我其实就削弱了客户对我作为专家的看法。就像那句老话说的，'听起来你是什么样的人，你就是什么样的人'。我总是希望我的客户把我看作信息的来源和主题专家。如果我自己放弃了这个角色，他们只会把我看作一个高级别的管理员，然后他们就会开始依赖自己的研究，而不是把我看作一个值得信赖的顾问。所以，对于在什么时候、在什么地方请别的同事帮忙，我总是非常挑剔。"与我们交谈过的一位销售领导者说得很简单："如果你自己不能自信地介绍产品，而是需要有人帮你做这件事，你就不能为客户提供更多价值，客户也不会想花时间和你在一起。"

　　其次，我们发现，当高绩效销售人员确实需要引入其他专家时，他们允许这些专家在销售会议上发言的时间比绩效一般的销售人员在类似的销售会议上允许他们发言的时间要低几个数量级。一位制造业的高绩效销售人员解释了她是如何利用主题专家的："重要的是要知道在什么时候客户想讨论的话题或问题已经超出了你的能力范围，你需要请在这些话题上更专业的人介入。如果你不知道答案，你当然不应该不懂装懂。但当我把这些专家带到我的销售会议上时，我们事先会有一个准备会议，在这个会议上，我会告诉他们我想让他们在销售会议的什么地方开始介入。我确保他们知道什么时候提供帮忙、回答问题或表达观点，然后把控制权交还给我。这样，客户就会认为我是能够找到资源回答他们问题的人，而不是一个无法驾驭此事、需要把讨论交给别人的人。"

她还解释说，她会尽自己最大的努力去学习这些更复杂问题的答案，这样下次她就不必依赖专家，自己就能够把对话进行到底。"我采取了与大多数同事不同的方法。他们倾向于在做完开场介绍之后就直接把会议交给了主题专家，让专家负责与客户的沟通。对你自己的信誉来说，没有什么比这更糟糕的了。而且，我们的主题专家也不喜欢你这么做，因为这相当于把销售工作的责任甩给了他们，而这本该是我们的工作。"

最后，我们发现在销售过程的早期，高绩效销售人员会比他们的同事更积极地向客户推荐他们需要参考的资料和信息，以帮助他们缩短学习曲线，而且，重要的是，这些往往不是他们公司自己的营销材料。例如，在一次电话中，一位最佳销售人员为他的客户列出了一份阅读清单："我发现我的许多客户都上网，试图围绕这项技术'自学'一些基础，但网上的内容太多了，真的会让人不知所措，最终反而会更困惑。我给您发送一些链接，这些链接是我经常向第一次接触这项技术的人推荐的。有几篇文章和一个播客我非常喜欢，其中一位行业分析师用最通俗的语言解释了这项技术的原理、不同的应用案例，以及在评估供应商时要注意什么。我们建议您花一点时间研究这些内容，并转给团队中的其他人。我认为这会帮助您快速掌握基本的知识，这样您就可以沿着学习曲线少走弯路，尽快开始围绕您需要的答案询问更重要的问题。"

显然，销售人员向客户就他们正在纠结的决策提供有说服力的、明智的观点的能力是通过经验磨练出来的。但那些最佳销售人员在我们的采访中告诫销售人员要换个角度思考，以免新的销售人员或者那些刚到一家新公司做销售的人员觉得这个要求太高，难以达到。一位高绩效销售人员说，新销售人员可以做的最重要的事情是投入时间来拓展有关自己公司的产品、竞争对手的产品和整个行业的专业知识。她说，当她加入新公司时，她发现新公司有一种销售文化——人们让解决方案工程师做所有的演示："我来自一家所有销售人员都自己做演示的公司。所以，当我来到这里的时候，我很惊讶——这家公司的产品比我以前销售的产品更简单，却没有人知道如何向客户演示产品。我告诉我的经理，我想自己做演示，经过一番辩论后，他让步了。我在一开始就投入了大量的时间，让自己可以像一位解决方案工程师一样，给客户演示产品。一旦别人看到我取得成功，他们就开始改变看法并效仿我了。"

另一位资深的销售人员说，他总是鼓励新销售人员"别忘了构建自己的权威性"："我们是向首席财务官销售产品，很自然，当你向一个做这份工作的时间比你年龄还大的人销售产品时，你会感到害怕。但问题是他们可能比你更知道如何做好首席财务官，但论及对我们的产品和技术的了解，即使是我们任期最短的销售人员，也比任何潜在客户多很多。新销售人员只需要记住，我们的客户不是要我们教他们如何做好工作，他们只是要我们帮助他们更好地用好一项他们不太了解的技术而已。"

掌控信息流是一项至关重要的能力，即使经验不足的销售人员也可以利用它来限制探索，帮助客户避免走入"死胡同"。

预见需求和反对意见

使销售人员能够限制探索的第二个关键能力是预见需求和反对意见。

在谈论预见客户未明说的需求和反对意见之前，我们应该首先看看最好的销售人员如何处理客户已经说出来的需求和反对意见。事实上，我们在数据中看到的一个最明显的对比是，在客户表达反对意见的时候，高绩效销售人员和绩效一般的销售人员是如何回应的。反对意见是销售对话中不可避免的一部分——在我们的研究中，我们吃惊地发现，竟然高达的69%的销售对话中包含了客户提出的某种形式的反对意见。在我们的研究中，特别是在客户原本可以自己购买，但仍然选择打电话给销售人员的简单交易型销售对话中，这种情况尤其明显。他们打电话的决定通常源于这样一个事实：他们总是会被某种反对意见所困扰，所以听到这种情况经常发生不足为奇。在更复杂的销售中，反对意见的情况也好不了多少，不过它们往往会在销售过程的后期出现，特别是当客户开始犹豫不决，并评估在合同上签字的风险的时候。

这里出现了一个奇怪的差距。当反对意见被提出时，销售人员的反驳回应很常见——在52%的销售对话中会出现。但这比客户提出反对意见的百分比低了17个百分点。许多明确的反对意见都没有被回应——这绝对是销售转化率杀手（见图5.1）。提醒一下，在我们研究的销售对话里，平均的销售赢率是26%。反对意见的存在绝对是阻碍销售转化的最大因素之一，然而，在仅有一次反驳的情况下，销售赢率提升到了31%。当没有反驳时，赢率会下降近一半，降至17%。

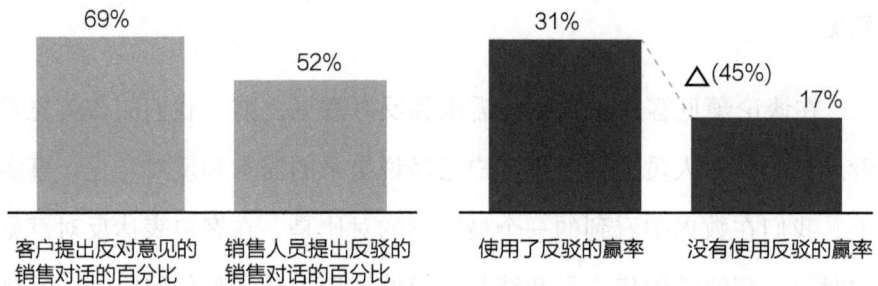

图5.1 反对意见和反驳出现的频率，以及反驳对赢率的影响

除了反驳客户明确提出的反对意见，我们的研究表明，高绩效销售人员有时会预见到即将来临的反对意见，并先发制人地提出反驳——如果可以的话，我们不妨称之为"预反驳"。高绩效销售人员总是在寻找"隐性不接受"的迹象，比方说，当出现客户语气的改变或轻微的停顿时，他们就会感觉到有些地方不对劲——客户并不买账。在许多分析案例中，我们发现高绩效销售人员会从客户那里捕捉微小信号，例如，客户不是说"明白了"，而是说"我想是的"，这时他们会停下对话，做一个检查，看看客户是否真的认同他们。"我

很抱歉这么问，"一位聪明的销售人员说，"您似乎没有产生共鸣？我非常希望您把全部顾虑都提出来，这样我们就可以开诚布公地谈一谈。我最不希望的就是您对我们的提议感到不舒服。"

这种通过积极倾听以发现客户开始动摇的迹象被证明是非常有效的。在研究中，我们发现当高绩效销售人员先发制人地提出反驳（也就是说，即使在客户没有明确提出反对意见时提出反驳）时，有40%的赢率——这远远高于平均水平。这种方法如此奏效的一种解释是，先发制人的反驳表明销售人员确实了解客户正在纠结的问题——他们以前有过这种经历，也见过其他客户在同样的决策上纠结。实际上，它使客户在犹豫不决时感到不那么孤单。

毫无疑问，捕捉这些微妙的线索需要积极的倾听技巧和训练有素的耳朵，也需要一定水平的对紧张和压力的容忍度，而这项能力是大多数销售人员都缺乏的。大多数时候，我们发现，客户发出的信号表明他们已经开始退缩了，而销售人员并没有停下来找出他们犹豫不决的原因，而是继续推进他们的工作。从很多方面讲，避免提及坏消息是人类的天性，但是高绩效销售人员在打开客户的担心、恐惧和反对的"潘多拉之盒"方面，表现出了非凡的勇气，他们会直面问题。当他们察觉到客户的犹豫时，高绩效销售人员不怕去探个究竟，他们知道，一个未明说的反对意见和一个明说的反对意见一样，有可能破坏销售。而且，一旦反对意见被提出，他们通常都能非常坦然地公开表达与客户不同的意见、指出误解或打消客户错误的顾虑。

我们采访的一家物流公司的销售经理告诉我们，这种预见需求和反对意见的能力，是把她最好的销售人员和其他销售人员区别开来的因素之一："没有什么比销售人员对客户说，'我猜你想知道关于X'或者'你知道的，我听到的在这一阶段最常见的顾虑是Y'更能给他们信心了。作为一个客户，去评估像我们这样的服务，其过程是令人畏惧和充满挑战的。因为我们做的业务，几乎总是在取代客户自己开发的或历史遗留的流程，而且市面上还有很多不同的供应商提供像我们这样的平台，这让客户头晕目眩。对他们来说，知道自己的担心实属正常，这已经是一种巨大的解脱，而当他们听到销售人员预见到这些担心，更是让他们内心获得一种安慰。"

绝对坦率

第三个使销售人员能够限制探索的能力是他们能对客户绝对坦率。

"绝对坦率"这个词是由苹果公司和谷歌公司前高管金·斯科特（Kim Scott）在与之同名的一本优秀著作中提出的。在书中，她说一个管理者可以通过四种方式与员工打交道。但在这里，我们将把同样的框架应用到销售人员和客户之间的互动中，并思考如何将每种方式应用于限制探索（见图5.2）。

关心客户

破坏性的同理心

绝对坦率

保持沉默　←————————————→　直接挑战

操纵式的不真诚　　令人讨厌的进攻型

关心自己

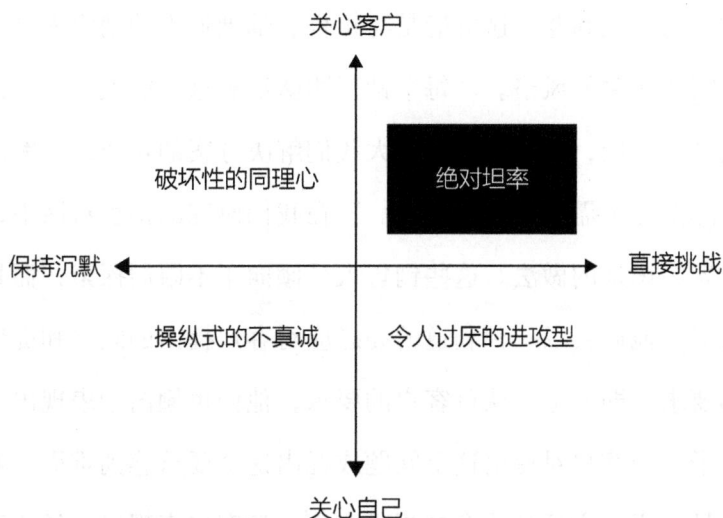

图5.2　四种互动方式

斯科特提出的两个维度是"直接挑战"和"关心自己"。第一种互动风格是"操纵式的不真诚"。这些销售人员更关心自己以及什么最符合他们的利益，他们对客户的要求不是保持沉默就是默许，而不是向客户提出诚实和直接的挑战。这类销售人员在客户询问附加信息、提出后续问题或就购买决策提出所需的更多数据的具体要求时，会微笑点头，然后在电话一结束就立即向同事说客户的坏话。我们采访过的一位经理说，她团队中就有一位销售人员在这方面是出了名的："他通常一挂断电话，就说客户是如何要求再做一次演示或提供更多的参考客户电话的，然后说这是在浪费他和客户的时间……但讽刺的是，他从不与客户分享这种观点。"

斯科特称第二种互动风格为"令人讨厌的进攻型"。这些销售人员一点也不惧怕直接挑战客户，但这往往是出于自身利益的考虑，而不是客户的最佳利益。这可能是与粗鲁、咄咄逼人的销售人员的经典形象最密切相关的风格。"每个销售团队都有这样的人，"一位销售副总裁告诉我们，"他们总是夸大我们解决方案的功能，向客户兜售他们实际上并不需要的附加服务。"在我们研究的销售对话中，这是一种很容易识别的做法。这些销售人员倾向于不限制探索，而是直接破坏探索。他们会以一种霸道的姿态应对客户提出的问题和提供更多信息的要求，即便他们认可客户的要求，他们也倾向于表现出一副轻视的样子，令客户对提出这个问题或提出这个要求感到难堪。对这些销售人员来说，永远是让客户买更多。一旦客户表现出一丝犹豫，这些销售人员也会是第一个使用FUD策略的人。

第三种互动风格被斯科特称为"破坏性的同理心"。在这种情况下，销售人员非常关心什么对客户是最好的，但他们太害怕与客户分享自己的观点，因为他们害怕冒犯客户或破坏现状。在我们的研究中，一位销售人员将这类销售人员比作挑战式销售中的"关系型销售"。"他们真的很关心客户，想尽一切办法，做一切事情让客户开心和满意，包括一些在内心深处他们知道并不一定给客户带来好处的事情。但是，他们不会提起这些事，因为他们担心引入任何紧张的因素可能导致这种关系的结束。"听一听我们在研究中收集到的这些对话，你可以感觉到这些销售人员其实是想告诉客户，他们提出的要求是在浪费时间——将导致他们白费工夫，而且并不会比现在做出更明智的决策。然而，他们什么也没说。

最后一种互动风格是"绝对坦率"。斯科特解释说，这是最恰到好处的方式。绝对坦率的销售人员关注的是，什么对他们的客户最好，并且如果客户走错了方向，他们也不怕说出来。当客户做错了或者将要犯错误的时候，这些销售人员并不惧怕告诉他们。在研究中，我们发现他们会专业而坚定地告诉客户，客户的要求是不必要的，或者所寻求的额外数据不会解决他们希望解决的问题。在一次对话中，一家SaaS公司的销售人员告诉她的客户，再做一次演示不会带来任何好处，只是浪费大家的时间。"我最不想做的就是浪费您和团队的时间，再做一次演示并不能真正向您展示任何我们还没有展示过的内容。但是我也知道你们还没有做好进行下一步的准备，所以让我们讨论一下为什么会这样，以及我能做些什么来帮助你们为公司做出最好的决策，无论最终是从我们这里购买还是从其他人那里购买。"

上面的例子说明了一个重要的观点：通过绝对坦率来限制探索不仅要"直言不讳"，也要告诉客户他们是在浪费时间。使用这种方法的销售人员会接着提出一系列问题，以深入了解客户提出要求的真正动机是什么。这种技巧有点像丰田佐吉（Sakichi Toyoda）在实践丰田制造流程时提出的"五个为什么"方法。众所周知，丰田公司最著名的就是提倡问"五个为什么"，以找到问题的根本原因。

与绩效一般的销售人员完全纵容客户提出过多和不必要的信息要求不同，高绩效销售人员则希望了解客户要求背后的动机。他们知道可能背后存在某种隐含的反对意见，某种形式的不确定性在驱使客户提出这些要求，而且对额外信息的要求只不过是一种拖延策略。所以，他们所能提供的任何更多的信息都不能真正解决客户的潜在问题。因此，他们会问"问题背后的问题"，以了解客户真正关心的是什么，是什么驱使了他们的特定要求。

我们一次又一次地听到高绩效销售人员要求客户清楚地说出他们要求背后的原因——试图把客户的顾虑摆到桌面上，以便讨论和处理。"当然，我们可以为您再安排去跟我们的一个客户通电话，"一位销售人员说，"但是，在这样做之前，我想了解一下，您想在电话中验证什么？我们可能有其他方式可以帮助解决您的任何问题或担心。"另一位销售人员对她的客户说："我理解您想从另一位客户那里听到这句话，以给您信心，让您相信会看到希望的结果。但是，我能问您一个问题吗？如果您从我们的客户那里听说他们实现了您希望的结果，这是否足以让我们完成这笔交易，或者是否还有其他事情会阻止您做出决策？"

而且，正如我们在第4章中了解到的，高绩效销售人员不仅探究是什么驱使着客户对额外信息的要求；他们还主动提出了更好、更有效的解决客户问题的方法。例如，在一次对话中，一位销售人员问他的客户，为什么他们想再与另一个客户打电话："如果这么做可以给您进入下一步所需的信心，我们会这么做。但我担心，另一个客户电话——坦白地说，和您已经做过的非常相似——并不能真正解决您所关心的问题。如果您能告诉我你们团队所关心的问题，我就可以让您知道我们解决这个问题的最佳方法。"在另一个对话中，一名销售人员探寻了为什么客户要询问某些数据来帮助他们做出决策，然后，当她觉得自己准确地理解了客户的问题时，她提出了一个不同的行动建议："好吧，我明白了。但我认为再打电话给我们的产品人员不能解决这个问题，我有一个更好的办法来满足您的要求。"

从表面上看，绝对坦率会让销售人员心生畏惧，而且看起来可能会在销售人员和客户之间制造不必要的摩擦。但这是一种植根于同理心的方法，也是一种以客户利益最大化——在这种情况下，避免无效且令人沮丧的探索——作为指导原则的方法。

两个不同的音轨

和顶级销售人员的对话听起来就是不一样。在我们的研究中，绩效一般的销售人员倾向于在对话中顺从和附和客户——只是在对话中客户提问的时候，才把他们自己对产品和市场的见解说出来。相比之下，高绩效销售人员在展示自己的专业技能方面要自信、敢说得多。绩效一般的销售人员等着对方开口才开口，高绩效销售人员则主动想办法与客户分享经验和知识。这一区别造成的影响是很有意思的。与流行的观念（销售培训中通常讲授的东西）相反，高绩效销售人员实际上比客户说得更多（见图5.3）。

	销售人员的说话时间占销售对话总时间的百分比
赢	58%
输	52%

图5.3　销售人员的平均说话时间与赢率的关系

多年来，销售人员一直被教导要多听少说。这在销售中是老生常谈。然而，我们发现，通过销售赢率观察到的情况恰恰相反。在我们的分析中，赢得交易的销售人员平均有58%的时间在说话。在失败的交易中，销售人员发言的时间占52%。显然，销售人员在这些对话中说了什么很重要——如果销售人员只是闲聊或在谈话中充斥着不相关的信息，那么赢率就不会这么高。但很明显，如果销售人员拥有对客户有价值的专业知识和观点，他们就不应该担心花必要的时间来分享这些知识。当然，这也并不意味着销售人员应该在销售对话中停止倾听客户的意见。做一个积极的倾听者显然还是成功推销的重要组成部分。但同样应该清楚的是，销售人员不应该害怕主动和自信地展示他们的专业知识。

最好的销售人员不仅在销售对话中比客户说得多；他们跟客户互动的方式也令人感到意外。与绩效一般的销售人员不同，当他们觉得有必要让对话回到正轨时，高绩效销售人员不会介意打断客户并在客户说话时插话。这不仅与销售培训的内容相悖，感觉上与父母教我们要礼貌待人也是背道而驰的。但事实上，我们发现，与失败的交易相比，在成功的交易中，销售人员打断客户或在客户说话时插话的出现次数要高出1倍（见图5.4）。

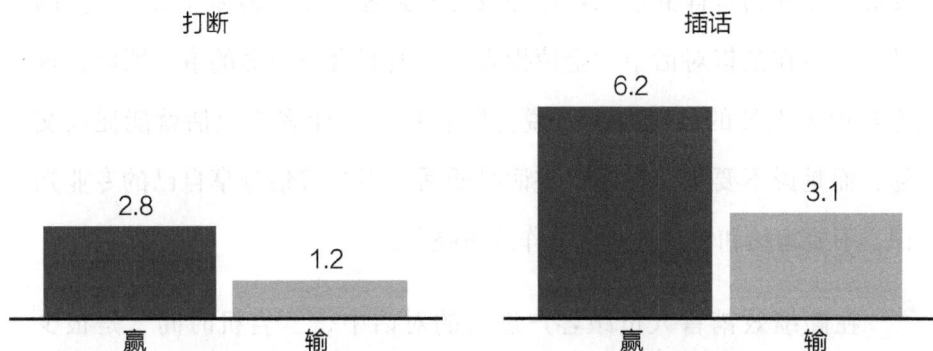

打断　　　　　　　　　　　　　插话

6.2

2.8
　　　　1.2　　　　　　　　　　　　　　3.1

赢　　输　　　　　　　赢　　输

图5.4　打断和插话在交易中出现的次数与赢率的关系

虽然这看起来像销售中的无礼行为，但事实并非如此。我们发现，这并不是不礼貌的插话和打断，而是语言学家所说的"合作式重叠"。这个术语是由乔治城大学语言学教授黛博拉·泰南（Deborah Tannen）提出的，她解释说："合作式重叠发生在聆听者开始和说话者一起说话时，不是为了打断他们，而是为了证实或显示他们正在倾听对方所说的话。"泰南说，理解合作式重叠的另一种方式是把它当作"热情倾听"或"参与式倾听"。另一些人则将这种技巧描述为与某人交流而不是对着某人进行交流，他们也认为，不进行合作式重叠可能还会无意中产生使另一个人感到孤独这样的后果。

这是销售人员需要理解的一个重要概念：倾听在销售中很重要，但如果你想达成交易，跟客户的互动实际上更重要。犹豫不决的客户需要与销售人员进行活跃、互动式的对话，以帮助他们跨越障碍。销售人员通常认为，为表示对客户的尊重，坐下来倾听更有益。虽然倾听至关重要，尤其是在销售初期了解客户和他们需求的时候，但保持安静会传递出这样的信息：你并没有听到客户在告诉你什么。优秀的销售人员在销售对话中"全情投入"，他们会做该做的事。所以，这里对销售人员的启示并不是说打断客户、不让客户说话就能促成交易，而是说不要害怕在客户讲话时插话，不要害怕分享自己的专业知识，不要害怕和客户进行"合作式重叠"。

在高绩效销售人员跟客户进行的对话中，"宕机时间"是很少的。当一位客户在说话时，她会在表达她的想法时得到销售人员口头的回应。我们发现，在上千个销售对话中，销售人员总会说"当然""是的，我听到你说的了""是的，有道理""哦，当然，我同意""那很有趣""嗯，好吧"，以及许多其他语言提示，这其实都在向客户表明，他们正在倾听客户所说的每一个字。当客户说话出现停顿时，销售人员会很自然地插话——有时是为了完成客户的想法，有时是为了抛出一个问题，有时是为了分享一个例子，有时是为了对他们所听到的进行转述，有时是为了改变谈话的方向。

在继续讨论之前，我们先简单说一下"有目的的沉默"。这是一个已经被传授给销售人员很多年但需要小心使用的技巧。当偶尔在销售对话中使用时（例如，提出一个有针对性的问题，让客户有时间做出回答，或者抛出一个价格或条款，让客户消化接受一下），它可能是一个强大的技巧。但我们的数据表明，当涉及沉默时间时，明显存在一个收益衰减点（见图5.5）。没有沉默时间（少于对话时间的8%）和有太多的沉默时间（超过对话时间的30%）会导致更低的转化率——很可能是因为沉默时间太少会让客户觉得他们无法插上话，而沉默时间太多则会让客户觉得销售人员实际上不知道他们在说什么。沉默时间占对话时间的8%~17%是最佳的，这样的销售对话一般能产生30%的赢率。所以，当销售人员恰当地使用一些"有目的的沉默"时，它可以产生预期的效果，但无论如何都要避免使用过多或过少。

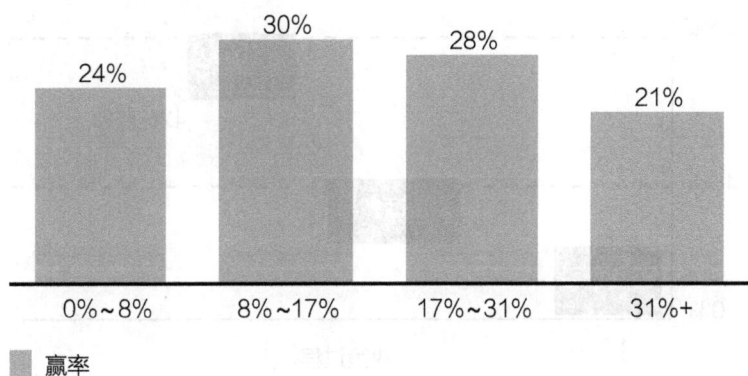

图5.5　销售人员的沉默时间占对话时间的百分比与赢率的关系

事实上，我们发现在任何销售对话中，最糟糕的事情之一就是经历"车灯前的小鹿"时刻——当销售人员被客户问的问题难住了，并挣扎着做出回应的时刻。在模型中，我们发现，销售人员如果先是沉默，紧接着表达他们的困惑，对于销售赢率是有害的。

结论

数据显示得很清楚：当销售人员能够限制客户的探索，并将其保持在"合理的尽职调查"范围内时，销售赢率就会高得多。当销售人员展示我们在本章中讨论的行为时，销售赢率为42%；而当他们任由客户进行"无监督"和漫无边际的探索时，销售赢率骤降至16%（见图5.6）。

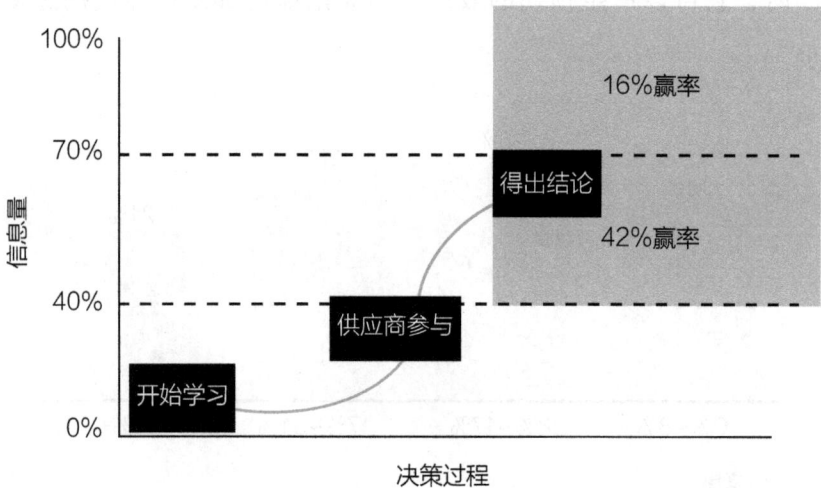

图5.6　不同情况下的赢率——限制探索与进行漫无边际的探索

客户在做决策之前想要了解更多信息的欲望是销售人员很难逾越的一道障碍。想要让他们把进行更多探索的想法放在一边，销售人员需要做三件事。首先，掌控信息流。销售人员要将自己定位成客户寻求信息来源的权威，而不是把这个角色让给公司中的其他人，如主题专家或解决方案工程师。而且，就算销售人员必须引入公司内额外的支持来解决客户的问题或担心时，也要将他们对这些资源的依赖降到最低。其次，预见需求和反对意见。这样做可以帮助客户意识到，他们是在和一个专家交谈，这个人曾与其他客户走过这条路，可以帮助他们"一探究竟"，这是他们自己独自做决策时无法做到的。最后，通过绝对坦率来限制探索。当客户对不必要的数据或信息提出过度要求时，他们不怕"直言不讳"，并且会探究客户希望得到这些信息的真正原因，然后针对更好的前进路径提出建议。

当我们将高绩效销售人员和客户的对话与那些绩效一般的销售人员和客户的对话进行比较时，我们发现它们的确有根本的不同。高绩效销售人员会毫不犹豫地分享他们的专业知识，他们不会让对话出现太长的"放空时间"，他们会通过"合作式重叠"与客户产生积极的互动。高绩效销售人员与客户的对话既不是说教也不是审问，这是两个平等的人之间的一种积极而投入的对话——像两个相识很久的好朋友之间的充满活力的对话。最重要的是，销售人员似乎真的很关心客户要说什么，而且他们也足够自信，客户也一样会对他们要说的话感兴趣。

06

第六章

排除风险

到目前为止，我们已经讨论了客户需要按下暂停键并"考虑一下"的两个原因：信息不充分和选择困难。我们已经讨论了犹豫不决的来源是什么，它们如何在销售对话中显现，绩效一般的销售人员在面对这些情况时倾向于怎么做，以及高绩效销售人员如何以不同的方式克服这些困难。

然而，我们将在本章中讨论的第三个也是最后一个客户犹豫不决的原因——结果不确定——是销售人员通常认为最棘手和最难克服的。当客户担心他们无法从购买中获得他们期望的好处时，犹豫不决就表现得更加明显了。

即使我们能够说服客户，他们不需要做更多的研究，即使我们可以帮助客户从一大堆他们认为同样好的选项中做出选择，客户在合同上签字之前仍然会再三考虑他们是否真的能得到期望的好处。每个客户几乎都有过被供应商或好得令人难以置信的产品描述伤害过的经历，这种产品描述说得天花乱坠，但最终未能兑现承诺。当那些购买失败的糟糕记忆如潮水般涌来时，客户最不愿意做的事情就是做出一个会导致一些无法预见的损失的决策。客户心中的理由是，与其主动做出一个最终让他们付出代价的决策，还不如什么都不做。

从前面的章节我们知道，销售人员是按照他们所接受的培训来对其他类型的犹豫不决做出反应的。当客户表示希望做更多的研究时，销售人员会满足这些要求，不会对客户说什么。当客户纠结于如何做出正确选择时，销售人员会试图通过询问探究性的问题来诊断客户的需求。那么，面对因结果不确定而产生的犹豫不决，销售人员是如何做的呢？

当面对这种情况时——有关证据、客户评论、Gartner的魔力象限图、与其他客户通电话和投资回报计算都不管用，客户说他们还是没有准备好继续推进下一步，担心做出以后会后悔的决策——销售人员会求助于一种古老的技巧——FUD。

"真的很感谢你们到目前为止花在我们身上的时间。我们理解并接受这个方案的价值，但我们需要更多的时间来考虑。我们只是担心自己是否具备获得所预期的好处的能力。"客户说。在没有其他办法让客户战胜犹豫不决的情况下，销售人员试图在客户心中播下恐惧、不确定和怀疑的种子："我听到您说的话了……但我真的不希望您被旧有的解决方案所困住而错过这个提升业务的机会。"简言之，当面对因结果不确定而犹豫的客户时，一般情况下，销售人员最后的努力几乎总是试图通过恐吓来促使客户购买。

FUD在销售方面的历史很有趣。目前还不完全清楚是谁首先提出了这个术语，但这项技巧和销售这个职业一样古老，甚至更老。早在17世纪早期，莎士比亚就写过为了得到自己想要的东西而向他人散布怀疑言论的故事。在他的戏剧《奥赛罗》中，反派伊阿古在被奥赛罗拒绝升职后，就试图通过让奥赛罗相信他的妻子与另一个男人有染来扳倒他。大约一百年后，我们在英国学者兼牧师威廉·佩恩（William Payne）的一篇文章中首次发现了这个术语的使用记录。"这将给他的心灵带来难以言喻的安慰、安宁和满足，"佩恩写道："不仅使他脱离危险，摆脱疾病状态，而且使他在思想上摆脱所有的恐惧、不确定和怀疑。"在发表关于临终忏悔的文章时，他几乎没有意识到这个术语将成为现代专业销售的基石。

当然，直到20世纪70年代，FUD才真正成为销售中常用的技巧。IBM的销售人员被认为可能是最早使用FUD的，他们将这一技巧用来对抗一个新贵竞争对手Amdahl公司。后来在20世纪80年代，微软销售人员成为FUD的旗手，利用这个技巧对抗IBM。他们的目标是当客户把IBM的OS/2操作系统与微软的Windows3.1相比较时，在他们心中播下恐惧、不确定和怀疑的种子。直到2010年，微软还在推动基于FUD的信息，目的是让客户对开源软件、开源软件与微软产品的互操作性，以及在出现问题时缺乏可用支持感到不安。例如，在一个视频中，他们警告用户："如果一个开源免费软件解决方案不奏效了，谁来修复它？"

当我们深入研究销售对话的数据集时，我们发现销售人员在跟客户"重新讨论"现状时倾向于使用四种不同风格的FUD：紧迫感、稀缺性、沉浸和孤立。第一种是紧迫感，是一种基于临时折扣和特殊定价、条款或条件的人为制造的恐惧。销售人员的目标是让客户产生一些焦虑，如果他们推迟做决策，那么购买正在考虑的产品或服务可能要花更多的钱。以下是我们研究中的一些例子：

- "当然，如果必要的话，您应该多考虑一下。但我想让您知道，我们的价格是动态变化的，如果您稍后再打电话给我们，我们可能无法提供相同的价格。"

- "很遗憾，这是限时优惠。过了这个星期，我们就不能给您同样的折扣了。"

- "我们经理是基于会在本季度签署购买协议的假设才为您批准了这个价格。遗憾的是，我不确定下个季度能否再给您同样的价格。"

第二种是稀缺性，这是要让客户觉得，得到他们想要的产品的时间是有限的。它是基于这样一种观念：当一件东西很难得时，人们会更看重它。罗伯特·西迪尼（Robert Cialdini）在其开创性著作《影响力》中，将稀缺性列为"说服六原则"之一。他解释说："当涉及使用稀缺性原则有效说服他人时，科学依据是很清楚的。简单地告诉人们如果他们选择了你的产品和服务，他们会得到什么好处是不够的。你还需要指出你的提议有什么独特之处，如果他们不考虑你的提议，他们会失去什么。"我们发现的例子包括：

- "这种产品的库存数量有限，一旦用完，我也说不好什么时候能补充库存。"

- "如果您今天签字，我们可以安排两周内安装。如果错过了今天，下一次开放安装的时间就在两个月之后了。为了获得我们一直在讨论的好处，那可要等上很长的一段时间。"

- "我确实想让您知道，我们的年度活动只对现有订阅客户开放注册，而且几乎已经售罄。我们预计在未来几天内就会爆满。"

第三种是沉浸。确切地说，沉浸就是让客户在自己对现状的不适或不满中挣扎。当听到客户开始从购买决策中退缩时，销售人员通常会提醒客户当初他们为什么会有购买的意愿和想法。通过这样做，他们希望能激发客户对"保持不变的痛苦"的回忆：

- "我知道您和您的团队都认为现在的做事方式并不理想。您确定要继续沿着那条路走下去，而不是推进我们的解决方案吗？"

- "我不希望您继续受困于当前的平台太久，因为我知道您对它有多失望。"

- "我听说您今天还没准备好签署协议，但我回想起我们第一次见面时您告诉我情况有多糟。您可不能只是希望目前的情况消失哦。"

第四种是孤立。这是一种将客户拒之门外的技巧，让他们感觉自己被留在了一个孤岛上，独自承受犹豫不决的后果，而其他人则在进步。从很多方面说，这是四种风格中最严厉的一种，因为它会让客户产生对潜在损失的巨大恐惧，还会让客户产生怨恨和信任破裂的感觉，这可能给销售人员带来戏剧性的事与愿违的结果。我们在销售对话分析中发现了许多这种风格FUD的例子：

- "我正在犹豫要不要告诉您，根据我们团队的估计，如果把这个决策推迟一个季度，您可能会损失多达100万美元。"

- "您不担心推迟平台升级对团队的影响吗？我记得您提到过团

队对目前使用的平台感到非常失望……我们都知道，在这个市场上吸引和留住有才华的员工有多难。"

- "如您所知，我们已经和在这个领域的其他所有大公司合作了。我可不想您被落在了后面。"

不管使用的FUD风格类型是什么，我们都可以从中洞察销售人员的思维逻辑：很显然，客户并不真的相信他们当前的状态有多糟糕。他们并没有完全意识到自己将获得多少价值。他们说他们相信，但其实他们没有。我得加把劲，多给他们一些压力，让他们明白不购买会有什么损失。

具有讽刺意味的是，销售人员试图利用担心或恐惧促使客户购买，但正如我们现在知道的，实际上它恰恰阻止了客户购买。当客户担心他们无法从购买中获得预期的好处时，这种担心和恐惧就更加强烈了。这就是为什么试图重新跟客户讨论现状并使用FUD作为主要手段，实际上反而会降低销售赢率。

那么，如果FUD并非正确的方法，什么方法才有效呢？

排除采购风险

在本书的第3章和第4章中，我们讨论了客户犹豫不决的各种原因。一些客户犹豫不决，是因为他们害怕做出错误的选择。面对这种情况，高绩效销售人员不会问客户想要什么，而是告诉他们需要什么。他们根据客户的具体用途、情况或需求提供个人建议，从而简化决策。有时，客户变得犹豫不决，是因为他们害怕在做决策之前没有做足功课。在这些情况下，高绩效销售人员会限制探索，阻止客户钻入"牛角尖"，以免空耗时间并在购买过程中无休止地拖延。

那么，高绩效销售人员如何应对客户犹豫不决的第三个原因——结果不确定呢？绩效一般的销售人员试图依靠FUD技巧来吓唬客户，而高绩效销售人员知道，客户难做出决策的真正原因，不是担心会错过一个获利的机会，而是因为会做出一个招致损失的决策。

顶级的销售人员知道，他们实际上是在帮助客户重拾信心——相信自己做出的决策会让事情变得更好，利润会增加或成本会节省，风险会降低，等等。但是，客户脑海里一直有一个声音："安全总比后悔好啊"。客户会想起过去不成功的采购，以及从同事和朋友那里听到的可怕故事。当这种情况发生时，就需要有人来承担责任——那个在合同上签字的人，那个游说老板购买的人。此时，其中的代价在客户心中变得非常真实，无论是被解雇，还是因为做了一个糟糕的决策而显得很愚蠢，犹豫不决的情绪开始控制着客户：这似乎相当有风险，而且代价高昂，这真的值得吗？最好先退一步，认真考虑一下这是不是一个明智的决策。

与那些在这些情况下依赖FUD技巧的绩效一般的销售人员不同，高绩效销售人员发现，说服客户继续前进的方法不是让客户对决定放弃购买感到难受，而是让他们对做出购买决策感觉良好。高绩效销售人员在此时此刻的目标是给客户注入自信的感觉，而不是播下后悔的种子。他们想让客户现在就表示同意，他们知道实现这一目标的唯一方法就是排除风险。

设定预期值

在研究中，我们能够分析出高绩效销售人员用来排除采购决策风险的三个关键技巧。首先是设定预期值。绩效一般的销售人员往往倾向于在销售对话的一开始就拿出预测的投资回报率进行游说，他们相信这对客户来说是不可抗拒的，或者他们知道客户往往有最大化者的倾向，所以认为推销高投资回报率准没错。然而，他们没有意识到的是，对客户来说，销售人员承诺的投资回报率越高，他们就越会为能否实现高投资回报率而担心。高绩效销售人员则不会那么关注"高投资回报率"（这只是理论上可能发生的事情），他们更注重尽早设定现实的、可信的预期值。"我们曾经与跟贵公司类似的公司合作，它们使用我们的软件实现了三倍的生产率增长，但我认为我们最好一开始有个更现实的预期值。对于实现生产率至少翻倍，我非常有信心，因为使用我们软件的几乎每个客户都实现了这一点。我们可以用此作为向贵公司申报项目的理由。然后，当超过这个数字时，这将是一个意外的惊喜。承诺少、兑现多总是好的。"

在我们的分析中，设定预期值比我们在研究中测试的任何行为对于赢率的影响都要显著。当销售人员没有恰当地设定预期值时，赢率只有20%——比平均水平低6个百分点（见图6.1）。（顺便说一下，这是基于我们的研究得出的总体平均水平）。在81%的销售对话中，销售人员没有设定预期值。但在销售人员给客户设定预期值的少数情况下，赢率几乎是平均水平的两倍，达到51%。这意味着后者的赢率提高了155%！这不仅说明了担心结果不确定对客户购买决策造成的束缚有多大，也说明了设定预期值是多么有效。

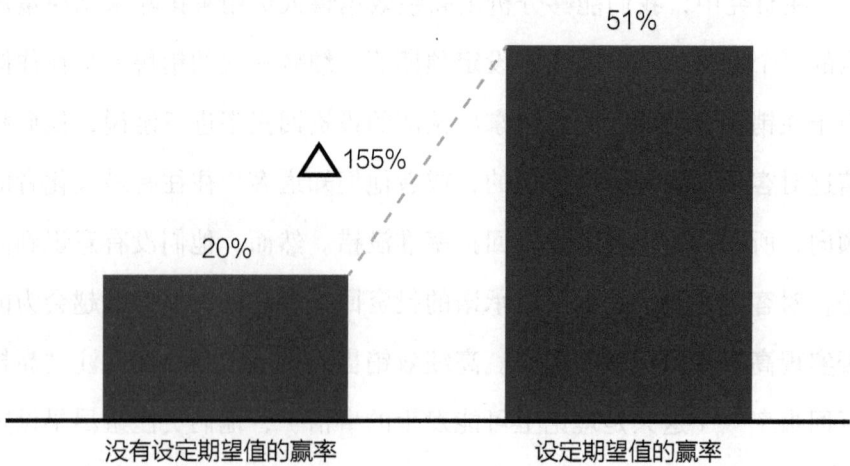

图6.1　设立期望值对赢率的影响

提供不利风险保护

高绩效销售人员明白，为客户提供安全的感觉要远比把客户逼到担心的地步更有效（例如，试图使用FUD来刺激行动）。如果客户关心的是他们是否能达到所希望的目标，这时他们需要的是给予信心的人，而不是贩卖恐惧的人。

在我们观察的销售对话中，我们发现了许多销售人员使用创意性的选项为客户提供安全保障的例子。在我们研究的交易型销售对话中，这通常表现为销售人员会确保客户知道他们有一个取消订单的窗口期，他们可以在签约以后更改计划或订阅，或者享有退款保证。"听起来您还在犹豫，"一位销售人员解释说，"但我向您保证，如果您以后没有从服务中获得预期的价值，您可以随时取消服务。"

有趣的是，有人认为向客户提供这种保证是理所当然的，是销售人员经常会做的事。他们为什么不这么做呢？如果客户有一丝因为结果的不确定而犹豫不决的可能，主动向客户提及这种安全保证当然是有意义的。但具有讽刺意味的是，我们并没有发现销售人员经常使用这种给予信心的技巧。在我们研究的所有交易型销售对话中，我们发现销售人员使用这种技巧的情况不到15%。

这是为什么呢？第一种解释是，销售人员获得报酬的方式。在一些公司，销售人员需要到客户超出取消窗口期才会得到报酬。或者，他们可能受到佣金收回期的限制，在此期间，公司可以收回后来客户退出的那部分交易所对应的销售佣金。第二种解释是，一些销售人员担心提出退出条款和保证等内容会表明他们对自己所销售的产品或服务没有信心，可能会在不经意间让客户产生怀疑。最后，许多销售人员非常依赖使用FUD技巧来使客户感到恐惧而采取行动（例如，"我无法想象你还能忍受继续使用你目前的产品"），以至于如果突然改变路线，为客户提供一些不利风险的保护措施（例如，"别担心，万一您觉得我们的产品不行，我们可以提供一个90天的退款保证期"），可能会让自己显得不真诚，甚至会很尴尬。

当然，在很多情况下，销售人员没有能力提供免费的取消窗口或退款保证。这种做法在复杂的B2B销售中并不常见，例如，供应商要投入大量资源为客户配置和实施解决方案的情况。在这种情况下，当公司不允许销售人员提供退出条款之类的条件时，他们能做些什么来提供不利风险保护呢？在分析中，我们发现最好的销售人员会使用各种创意性的选项给予客户信心，以帮助客户免受结果不确定的影响。

在一些销售对话中我们看到销售人员使用的一种技巧是，在成交前为客户制订详细的项目计划，包括负责人、里程碑、衡量指标等。这有助于向客户展示，销售人员及其所在的组织确切地知道客户可以如何从他们的方案中获得价值。顶级销售人员通常在签约之前就开始敲定这些内容："我们现在开始与法务部门处理合同，距离签约还有几周时间，"一位销售人员解释道，"但我希望我们可以开始确定项目计划、里程碑、负责人和我们合作前六个月的关键指标。我们基于那些获得最佳结果的客户的最佳实践制订了这个计划，所以这是一个很好的路线图，可以确保你从平台获得预期的价值。我们不想碰运气。"

我们还发现，顶级销售人员会借助专业服务支持，将其作为向客户提供采购保险的一种方式。我们采访过的一位销售负责人告诉我们，他的许多销售人员都不愿建议客户在协议中加入专业服务的内容，因为他们担心这会给客户留下这样的印象：客户无法从解决方案中获得价值，需要签订一份比已经谈好的价格更昂贵的合同才能办到。"但是，"他解释说，"我们最好的销售人员明白，客户此时更关心的不是得到他们所期望的价值，因此建议在合同中增加专业服务的成分，让他们更有信心，在这个过程中他们不会独自面对（会随时得到专业支持）。"

我们发现，明星销售人员使用的另一种技巧是创意性签约，以此降低交易中让客户感到特别紧张的那部分风险。我们采访过的一位科技行业销售负责人告诉我们，他有一笔大交易，客户准备签署一份为期五年的协议，内容是在他们的多个业务单元广泛实施供应商的平台。然而，客户对在一个特定业务单元中实施感到特别紧张，既因为该业务单元是他们公司的现金流，又因为要替换某些已经使用很长时间的遗留系统而使实施过程存在很多未知因素。在最后时刻，客户开始表达对可能出现无法预见的、会对业务单元的业务产生负面影响的实施问题的担忧。这个特定业务单元对客户的重要性，加上实施中众多的未知因素，让客户产生了结果"前途未卜"的感觉，并有可能破坏了整个交易。

正当再多的保证或高管的表态似乎都无法打动客户时，这位销售负责人提出了一个独特的解决方案：为什么不把这个业务单元的实施工作划分出来，单独签一个一年的协议，客户可以在任何时候自由取消？合同的其余部分将包括之前双方已经同意的五年内为其他业务单元实施的内容，这样就可以确保，万一在这个特定业务单元的实施中出现问题，客户选择退出时可以不受约束。尽管实际的整体价格下降了，销售负责人仍然维持了先前同意的折扣水平，以示诚意。他知道自己的公司会做得很好，并能够解决出现的任何实施问题，就像他们自系统推出以来所做的那样。提供这样的退出条款，有助于解决客户一个大的担忧，即这个项目可能在他们这个特定的业务单元失败，他们可能会因此被困在这个项目中五年。这样的处理方式使事情完全不同了，客户也感觉舒服并有足够的信心签署协议。销售负责人解释说："通过在交易之初多付出一点，努力让客户对合作感到满意，是在为与客户建立一种更健康、更有利可图的长期关系铺平道路。"

管理不利风险对销售赢率的影响是显著的。在分析中，我们发现当销售人员为客户提供尽可能降低不利风险的选项时，赢率从22%跃升至46%，总体增长了109%（见图6.2）。遗憾的是，虽然这是一种对战胜客户犹豫不决非常有效的技巧，特别是当它涉及结果的不确定时，但它很少被销售人员使用。我们发现，在我们研究的销售对话中，只有14%的销售人员这样做。

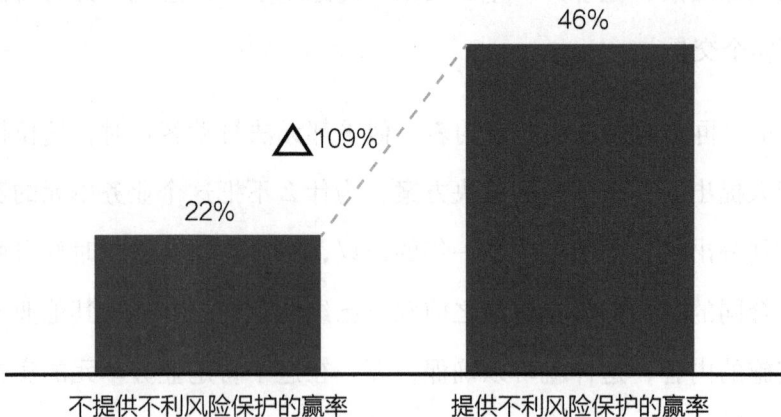

图6.2　提供不利风险保护对赢率的影响

由小开始

最后，与我们在本书前面讨论的类似，我们发现高绩效销售人员往往主动向客户建议，合作的规模甚至比客户想的还要小。与我们合作的一位销售负责人（他的公司为房主和小企业提供维修服务）解释说，客户会打电话来，列出他们想购买的清单（又一次，最大化者倾向抬头了），然而当他们听到价格时，他们会挂断电话，说他们需要"考虑一下"。"如果把我们提供的各种选项加起来，我们的服务计划可能会非常昂贵，"他解释道，"当客户打电话来要求购买'高配'套餐时，我们的许多销售人员问都不问就会给客户报价。当他们这样做的时候，客户肯定会因为价格而感到震惊。从这一点来看，这是一场必输之战，因为当销售人员开始建议拿掉套餐中的一些服务时，客户就会感觉销售人员在敷衍，他们购买的服务"缩水"了。但我们最好的销售人员明白，他们会通过销售更少来销售更多。"这位销售负责人解释说，在更多的情况下，最好的销售人员会在向客户报价之前说服他们不要考虑那么多额外的选项。他们会主动建议新客户从最受欢迎的几项服务开始，看看他们是否喜欢这些服务，然后在几个月后继续跟进，看看客户是否想在套餐中增加几项服务。客户很乐于见到销售人员能为他们着想，这也有助于销售人员主动避免客户被价格吓到。"我们的普通销售人员就不同了，"他告诉我们，"一旦客户开始描述他们心中的'美好'计划，销售人员心里就只想着钱，他们压根儿不会想到要主动建议客户从购买较少的几项服务开始。"

我们采访的另一位财富管理行业销售负责人告诉我们，他在职业生涯的早期就发现，虽然他可以通过推动客户"全套"购买他的产品来赚更多钱，但这极大地增加了客户对结果不确定的担心。相反，他认识到为客户提供多种选择会更好——一个"全套"选项，一个"适度"选项和一个"试水"选项。虽然客户会被"全套"选项的潜在回报所吸引，但他会主动引导客户选择"适度"选项，作为更好的开始。"当时我的许多同事从未想过这一点，而是一心想去'捞大的'，只把最大、最昂贵和风险最高的提案摆在客户面前，因为他们认为这是达成业绩目标的最快方式。但这些交易从未达成，即使偶尔达成了，客户也会很快质疑自己的决策。这些同事现在大多已经不在这里了。"

这种方法与一些人所认可的关于销售成功的定义形成了鲜明的对比，即任何次于"高质量交易"（一笔大的、高价格的、长期的、高利润的交易）的销售都应该被视为损失。但数据显示得非常清楚：最好的销售人员随着时间的推移会销售得更多，并通过由小处着手建立了更牢靠的客户关系，而不是一开始就尽可能做大。

结论

正如我们在本章中所讨论的，结果不确定可以说是造成客户犹豫不决的最棘手和最难克服的障碍。没有客户愿意独自一人为一笔没有实现事前所承诺的好处的交易负责。即使客户知道要做的决策肯定是有价值的，他们也会因为担心哪怕是很小的会搞砸的可能性而避免做出决策。这是规避损失最纯粹的表现形式。

遗憾的是，大多数销售人员还在依赖FUD技巧来处理犹豫不决的"最后一英里"——试图通过恐吓让客户采取行动。但销售人员没有意识到的是，正是担心和恐惧导致了客户的犹豫不决，而将更多的恐惧压给他们并不会刺激他们购买。真要说带来了什么，那恰恰是降低他们购买的可能性。

最好的销售人员知道，处理客户对结果不确定的担心并不是让他们感到更害怕，而是要让他们更有信心。为了做到这一点，他们设定预期值，并使用创意性的选项来尽可能为客户提供不利风险保护。这可以减少结果的不确定性影响，并在几乎所有情况下带来显著的销售赢率提升，当然，除了那些客户认定不会实现购买好处的情况（见图6.3）。

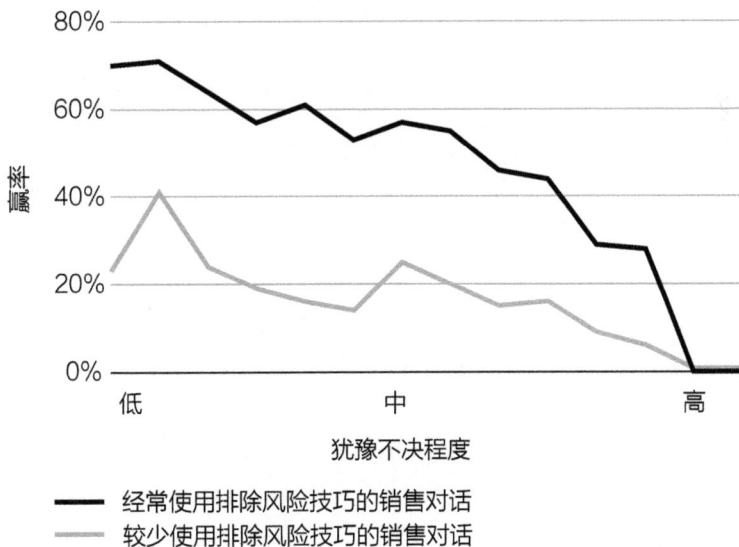

图6.3 根据客户犹豫不决的程度，排除风险技巧对赢率的影响

在这些极端的情况下，客户深受犹豫不决的影响而变得举步维艰，以至于购买的好处在很大程度上已经被忽视了。通常情况下，高绩效销售人员在达到这个程度之前就已经在他们的销售漏斗里筛掉了这些机会（不会浪费时间在这些机会上）。

到目前为止，我们已经探讨了客户犹豫不决的三个来源——选择困难、信息不充分和结果不确定，以及高绩效销售人员用来解决这些问题的方法，即主动提供建议、限制探索和排除风险。

在第7章中，我们将把这些行为作为一个整体来考虑，并看看是什么让JOLT销售人员在同行中真正独树一帜。

07

第7章

做一个"客户代理人"

现在的旅行者可能很难相信，在不久之前曾经有一段时间，预订机票的唯一方式是通过当地的旅行代理（旅行社）办理。每个城镇都有旅行社，大城市的每个街区都有旅行社。从很多方面来说，如果想要旅行，你几乎没有其他预订机票的办法，只能打电话给旅行社。只有当地的旅行社可以使用专用的航空订票系统为你预订到达目的地的机票。随着商务和休闲旅游需求的增长，旅行社的数量也在增加。从20世纪70年代到90年代末，仅在美国，旅行社的数量就从1.2万家飙升至4.5万家。然后，就像曾经迅速主宰了市场一样，它们几乎很快又完全消失了。

Expedia、Orbitz和Priceline等在线旅游预订网站的出现，以及旅行者直接使用主要航空公司和连锁酒店的网站进行预订的能力，突然之间让传统的旅行社过时了。几乎一夜之间，旅行社纷纷关门大吉。在美国，个体旅行社的数量在2000—2018年骤减了35%。就连美国前总统巴拉克·奥巴马（Barack Obama）也在一次市政厅会议上宣称，旅行社是更灵活并且直接面向消费者的互联网公司颠覆的又一个受害者："上一次有人去银行柜台取钱而不是使用自动取款机，或者找旅行社而不是直接上网订票是什么时候？许多过去需要人力的工作现在已经自动化了。"

但是，关于旅行社消亡的报道被夸大了。与被互联网淘汰的其他行业不同，旅行社近年来戏剧性地卷土重来了。到2020年年初，美国旅行社的数量从2018年7.88万家增长到逾10.5万家，收入也大幅增长，近1/3的旅行是通过旅行社预订的。在疫情前，该行业预计将继续以每年10%的速度增长。随着一切恢复正常,大多数行业观察人士预计旅行社将迅速反弹。

但是,当客户拥有几乎无限的信息、工具和资源来自行研究和预订旅行时,为什么他们会突然需要旅行社的帮助呢?事实证明,正是因为客户有太多的选择和信息,才推动了旅行社行业的复苏。虽然信息丰富对客户来说似乎是一件好事,但事实上它同时引发了一系列的心理现象,使客户,即使有明确购买意图的客户,最终更不可能购买任何东西。

以去意大利旅行为例。在谷歌上快速搜索"意大利旅行",会产生近28亿个搜索结果,如果将关键词变为"意大利旅行博客",可以产生4.4亿个搜索结果,而搜索关键词"意大利旅行行程"则会产生超过3340万个搜索结果。仅猫途鹰网站的"意大利旅游论坛"就包含了50万个主题,其中一些有数千个个人回复和评论。亚马逊列出了超过2万本意大利旅游指南书(即使范围缩小到至少四星评级,也有超过8000本)。这还不包括在各个酒店、航空公司和邮轮运营商网站上所有关于意大利旅游的内容和推荐。

第一次计划去意大利旅行的客户很快就会被网上的所有信息和计划行程的所有选项搞得晕头转向。一位著名的专家建议你只去一个地方,这样你就可以充分地了解当地的民俗风情,而另一位专家则提供了在7天内游览意大利整个国家的计划。一个博主发誓说托斯卡纳是必去的目的地,另一个博主则称它是一个"过度商业化的旅游陷阱"。一个网站建议租车自驾是游览意大利的最佳方式,另一个网站则表示乘坐意大利火车是唯一的选择。有人建议优先考虑意大利的标志性城市——罗马、佛罗伦萨和威尼斯，还有人建议避开典型的意大利目的地，通过游历散布在乡村的小城镇和村庄来发现"真正的意大利"。

面对如此多的信息和选项以及无穷无尽的选择，客户开始被恐惧折磨。他们担心自己没有做足研究——没有阅读包含了他们想要的所有答案的文章或博客。他们担心是否能在这么多看起来不错的选项中做出好的选择。即使他们可以做出决策，他们总感觉他们会立即因为放弃了那些他们没有选择的选项而感到后悔。最糟糕的是，客户非常担心他们会犯错误或做出错误的选择，这会让本应美妙的旅行变成巨大的失望。而且除了自己，他们也不能怪别人。因此，尽管他们很想预订一次旅行，但他们陷入了犹豫不决陷阱而不能自拔，最终可能什么也没做成。

这就是为什么客户会选择旅行社或人们今天所说的"旅行顾问"。当面对如此多的选择，并因为害怕犯下代价高昂的错误而不知所措时，如今的客户越来越多地寻求专家的帮助，以使他们在不同的选择面前保持冷静并最终获得他们需要的信心，让他们相信自己将获得很棒的体验。最重要的是，旅行社的奇特经历——它们的崛起、衰落和最终的复苏——告诉我们，在当今世界做一个客户是很不容易的，战胜犹豫不决并不是靠只会向你推销产品的销售人员，而要靠一个可以牵着你的手，带领并帮助你取得一个满意结果的顾问。

JOLT 销售人员：一个客户代理人

任何与JOLT销售人员——特别擅长帮助客户战胜犹豫不决的销售人员——有过接触的人都能立即与上述这个故事产生共鸣。在许多方面，它（这个故事）本身就概括了这些有天赋的销售人员在与客户互动时所采取的战术和方法。

事实上，可以毫不夸张地说，这些才华横溢的销售人员对于销售工作有着完全不同的看法。在销售过程中，一旦客户就（改变现状后的）愿景达成一致，并确立了购买意向，JOLT销售人员就会改变策略，停止向客户销售产品。相反，虽然这么说看似很奇怪，他们所做的是开始介入并为客户进行购买。他们知道，如今的客户在没有销售人员参与而自己有很多购买选择的情况下，他们求助于销售人员的唯一理由是，他们不知道如何做出选择。客户可能知道为什么要买，但仍然需要很多帮助，如在买什么、怎么买，甚至什么时候买等方面。如果缺少了这些帮助，客户很难摆脱犹豫不决的困境，完成一笔交易。

JOLT销售人员对于他们在帮助潜在客户战胜犹豫不决方面所扮演的个人角色有一种天生的感觉。他们非常清楚，客户需要销售人员在人性化的层面上提供帮助，仅靠客户自己是无法办到的。当客户变得犹豫不决时，没有销售人员的帮助，他们不太可能摆脱这种境况。此时，这些明星销售人员不是继续扮演销售人员的角色，而是扮演代理人的角色——一个客户可以依靠的主题专家和值得信赖的合作伙伴，来帮助他们解决导致他们犹豫不决的问题。他们明白，即使客户表达了明确的购买意图，往往还会纠结其中，这并不是因为客户决定不买，而是因为客户不知道如何买。而且他们知道，客户的犹豫不决不是因为他们作为销售人员所做的工作不到位，而是因为客户作为人的一种自然表现。

在这种情况下，客户希望有一个代理人能够给他们提供信心，以支持他们做出最终购买的决策。这种信心源自一个聪明、有才华的销售人员——一个可信赖的合作伙伴——能帮助潜在客户战胜犹豫不决，并能够指导客户买什么、怎么买以及什么时候买。其效果是既提高了销售赢单的可能性，又缓解了客户的焦虑，极大地提升了销售人员战胜客户的犹豫不决的可能性。

对客户来说，选择相信销售人员的专业知识要更合理，就像一个不堪重负的旅行计划者会把他们的行程交给一个有经验的旅行顾问一样，但销售人员知道，客户通常不愿意这样做，他们更喜欢自己做研究，然后再确认销售人员的建议是否最符合他们的利益。这并不是说客户不够明智，认为他们可以像销售人员一样精通他们所推销的解决方案。其实，真正的原因在于所谓的"委托-代理问题"（也称代理困境）。

委托 – 代理问题

委托-代理问题是指一个人（代理人）能够代表另一个人（委托人）做决策，但由于激励错位或利益冲突，导致委托人相信代理人做的决策只对他们自己有利的情形。当代理人和委托人之间存在信息不对称时，这个问题就会出现，也就是说，当代理人比委托人拥有更多关于决策的信息时，委托人会感觉好像有什么事情被隐瞒了。

无论是公共领域还是私人领域，代理困境一直都在发生。例如，客户有时不信任他们聘请的律师，因为他们担心律师可能只是为了收取额外费用，或者律师可能逼迫他们接受并不真正符合他们最佳利益的和解条款。类似地，经济学家史蒂文·莱维特（Steven Levitt）在他的著作《魔鬼经济学》一书中分享了他对房地产交易中出现的委托-代理问题的广泛研究。莱维特发现，房地产经纪人在出售自己房子时的价格会比出售客户房子时的价格要高一些——平均高出3%，即每30万美元会多出1万美元。这主要是因为，在出售他们自己的房子时，他们愿意等待，直到他们得到一个好的报价（莱维特发现，房地产经纪人将他们的房子留在市场上的时间比他们客户的长10天），但对于客户的房子他们没有动力这样做，因为为客户得到一个稍好的报价的边际效益对经纪人来说是微不足道的，他们最多只能从交易中赚取购买价格的1.5%。因此，房地产经纪人通常会说服他们的客户接受很快收到的较低报价，并向客户暗示，这是为了帮他们避免房产放在市场上很长时间卖不出去的负面情况。

代理困境在销售人员和客户之间的关系中也许是表现得最明显的。在几乎所有的销售中，权利的天平似乎都向销售人员倾斜。当涉及供应商的产品时，客户不知道他们不知道什么，而另一方面，销售人员却知道客户真正需要什么，不需要什么。他们了解哪里有需要避开的雷区。他们知道哪些功能是真正可以实现的，哪些只是概念性的。他们也了解哪些体验会让客户满意，而哪些体验会导致客户流失。他们是知道有关解决方案所有"秘密"的人。客户也许可以通过查阅用户评论、分析师报告和咨询第三方采购顾问来了解其中的一些事情，但他们永远不可能达到像在供应商组织里工作的人那样的水平。

然后，当你考虑另一个事实，即销售人员获取报酬的方式也会激励他们想获取更多客户订单并尽可能以更高价格成交时，你就更容易理解是什么导致了典型的代理困境和双方缺乏信任了。正是在这种担心自己可能遗漏了什么，又怀疑销售人员是否分享了做出正确决策所需信息的情况下，客户不是基于感觉做出决策，而是选择做更多的研究，要求销售人员提供更多的信息，总认为他们所获得的下一条信息会消除他们所有的顾虑。

那么，销售人员如何才能走出代理困境，建立必要的信任，让客户愿意把自己交给销售人员，相信这个人不仅是一个销售人员，还是一个客户代理人呢？

走出代理困境

在对销售对话的研究中，我们发现高绩效销售人员使用的几种技巧有助于走出代理困境。其中最有效的是建议客户不要"过度购买"他们不需要的东西，我们在前面的章节也讨论过这个想法。客户经常会要求超出他们实际需要的、更昂贵的产品或服务，这对销售人员来说是一个黄金机会，可以通过建议客户少花钱而不是花冤枉钱来建立信任和展示自己的可信度。

例如，在一次保险销售对话中，销售人员告诉一位正在犹豫是否在新保单上增加补充保险的客户，在他看来，客户已经有足够的保险保障，完全可以省下这些购买补充保险的钱。这位客户对这位销售人员赞不绝口："太感谢你了！我真的不知道我们应该有多少保险才合适，很感谢你没有推销超过我需要的保险。"接着，客户主动询问她是否可以通过将她的其他保险单转移到该公司来节省更多的费用，这最终为这位销售人员带来了更大的捆绑销售额。类似地，在我们研究的一个软件销售对话中，销售人员向客户建议，可以考虑减少初始合同中的许可证数量："如果我是你，我会把购买的许可证数量从10个减少到5个。从一个核心的超级用户群开始，等需求量上来了，再在你的团队中扩大使用。我们最不希望看到的是，你觉得花了钱买的软件使用许可证却没有被充分利用。"

另一个建立信任和走出代理困境的技巧是对竞争对手的方案提供积极的反馈，甚至直接推荐竞争对手的产品或服务，承认其更适合客户的需求。在一个交易型销售对话中，客户提到一个竞争对手为看似相同的服务计划提供了更好的价格。销售人员回应道："这个计划的价格确实很好，你买它我也不会怪你的。但我们确实提供了更好的保障，而且我认为我们提供的客户服务是最优的，这就是为什么我们的价格要稍贵一点。"而在另一个涉及更复杂采购的销售对话中，一位自信的销售人员竟然推荐了竞争对手的解决方案，而不是她自己公司的："老实说，如果贵公司真的只是专注于那个特定领域，我觉得我们竞争对手的解决方案也许更合适。它们是该领域的市场领导者，它们的产品很好。然而，如果您认为需求会扩展到该领域之外，我们公司则是更好的合作伙伴，因为我们公司有能力为贵公司的其他业务单元提供服务。我不想误导您，让您以为我们公司在那个特定领域和它们一样好，我们公司的业务发展重点不在那里。"

出于同样的原因，我们发现最好的销售人员会大方地承认，他们公司的产品或服务还不能满足客户的所有需求。而绩效一般的销售人员会经常声称他们公司的产品可以满足客户的任何需求——没有什么比这更会引起客户怀疑的了（毕竟，没有哪个供应商的产品能完美地做到这一切）。而且，就算客户真的相信销售人员所说的，也会给未来的客户流失埋下种子，因为客户迟早会发现自己被过度推销了。最好的销售人员能自然地指出，自己的解决方案中哪些功能尚未完全开发好，或者哪些只是未来的蓝图。在我们分析的一个对话中，销售人员跟客户说："我们的数据分析实际上还无法做到实时。我们认为我们的解决方案对从业人员来说已经够快了，而且提供了市场上最深入的洞察，但实时分析功能还只是在我们的蓝图中。我们正在努力，但我不想在这里过度承诺，至少在一年内我们不太可能实现这种功能。"

最后，建立信任的一个虽小但有效的方法是，当不知道一个问题的答案时，销售人员要有公开承认的勇气。这并不是说销售人员表现出专业性不重要,这绝对是非常重要的。但与此同时,适时地承认客户的问题是他们无法回答的,可以让客户看到销售人员并不只是一味地想让他们购买一个可能并不合适的产品。在我们的研究中,一位销售人员对客户说:"呃,其实我并不知道我们的产品是否能与这个系统集成。我从来没有被问过这个问题,而且我在我们的知识库中也没有看到关于这个问题的答案。不过,我肯定能帮您查出来。"

以上建议的这些主动行为——建议客户不要购买超过需要的东西,承认竞争对手的产品可能更适合客户的需求,承认某些功能还没有准备好,或者承认不知道客户所问问题的答案——帮助客户看到,销售人员是站在他们这边的,他们不需要与之抗争的对手,而需要与之合作的可信赖的顾问。如果再加上我们在本书中已经讨论过的JOLT行为,这就是一套威力强大的秘籍,不仅可以消除客户犹豫不决的根源,还可以走出阻碍交易达成的代理困境。

当"同意"是最简单的选择时

当销售人员能掌握并高水平地运用这套秘籍时,他们就有资格自信地向客户争取成交,并让客户把说"是"(表示同意)当作默认选项。

理查德·塞勒(Richard Thaler)和卡斯·桑斯坦(Cass Sunstein)在他们的畅销书《助推:如何做出有关健康、财富与幸福的最佳决策》中解释说,人类受两种思维"系统"的支配。第一种是"自动系统"，它是"快速的，感觉上是本能的，它跟与'思考'一词联系在一起的东西无关"。这个系统通常与条件反射行为有关——如把手从烫的东西上拿开，听到突然的巨响时退缩，甚至在无意中撞到别人时会脱口而出"不好意思"。第二种是"反思系统"，它更加慎重，通常与"思考"有关。当我们决定晚餐吃什么，在Netflix上看什么电影，为我们的新车选择什么选项包，以及是否接受一份新工作时，我们都会使用反思系统。正是在第二种的反思系统中，犹豫不决发生了。当客户担心他们是否做了足够的研究，他们是否做了正确的选择，或者他们是否会得到他们所希望的好处时——这是一个信号，表明他们正在对面前的决策进行反思和批判性的思考。

塞勒和桑斯坦发现，促使人们做出决策的一个有效方法是提供一种被称为"默认选项"的东西。这个东西会起作用，是因为它把通常需要深思熟虑的选择变成了下意识的选择，换句话说，它把决策从反思的轨道（系统）上转移到了自动的轨道上。为什么会这样呢？因为"默认选项"代表了阻力最小的路径，它迎合了我们作为人类希望节省能量的倾向。或者说，选择"默认选项"以外的东西需要消耗我们不愿意消耗的能量。更重要的是，"默认选项"同时包含了一种隐含提示：这是由可信的权威做出的。显然，有些比我们更聪明的人选择了这个作为"默认选项"，他们已经考虑到了我们的最大利益，那么我们又有什么理由不同意呢？

"默认选项"一个很好的例子就是公司自动登记员工参加401（k）计划，这已经被证明可以将参与率从不到50%（员工必须选择加入）

提高到90%以上（员工自动加入，但如果他们不想加入就必须选择退出）。另一个"默认选项"的例子是餐厅一般会将健康食品放在与视线齐平的位置，顾客可以选择不健康的食品，但他们为此必须付出更多努力。

销售人员自信地向客户争取成交也是同样的道理。它能够一下子把同意和签署协议变成"默认选项"，把客户表示同意变成一个简单的选择，而说"不"就像一个艰难的换挡，与前进的势头格格不入，是一个不和谐的改变。争取成交，其实是已经建立起自己作为一个值得信赖的专家形象的销售人员向客户提出确认购买的建议。对于销售人员来说，这种简单的技巧相当于拉着客户的手说："你听起来已经准备好了，我们开始吧。"这是销售对话中一个强有力的时刻，就像跳伞教练走到一个紧张的新手身边，给他最后的信心，鼓励他纵身一跃一样。在很多情况下，这似乎会让客户稍作停顿，并让他们鼓足勇气完成流程的最后一步。我们发现，客户很少会立即回复销售人员要求提供发票或账单信息的请求。相反，他们的回答往往是这样的："你知道吗？是的，我想我准备好了。让我们开始吧。"

在我们研究的销售对话中，我们看到了许多异曲同工的做法：

- "如果您对我们所讨论的都没有异议，那就让我们开始为您处理这个订单吧。您能给我确认以便我把它提交上去吗？"

- "我们很高兴能让您成为我们的客户，并让我们开始提供之前讨论过的价值和好处。我这就把协议寄过去。一旦我们收到您的回复确认，我们就可以开始了。"

- "我想把您的项目列入我们实施和导入的日程表。我们可以开始了吗？如果您同意的话，我可以马上把电子合同发给您。"

- "这对您的生意来说真是一个很棒的选择。要我说我们应该马上锁定它。只要您确认，我就可以记录您的信用卡信息了。"

在很多方面，作为一个销售人员，没有什么比争取成交更重要的了。然而，销售领导者往往很惊讶，他们的销售人员这么做的次数比他们想象的（或希望的）要少得多。在我们的研究中，销售人员实际上只有46%的时间会向客户主动争取成交。这意味着，在超过一半的销售对话中，不仅没有充满自信地争取成交，销售人员甚至根本没有跟客户就交易本身真正讨论过。但是，如果销售领导者认为纠正这个问题的"方法"是让他们的销售人员在每次销售对话中都提出成交要求，那就大错特错了。对这一发现更准确的解读其实是，在超过一半的销售机会中，销售人员还没有赢得这样做的资格。

结论

在展示了对客户的深入了解和专业知识后，顶级销售人员会将注意力转向如何建立信任，并以此克服客户和销售人员之间特有的代理困境。绩效一般的销售人员在他们的成长过程中都会倾向于认为（或被教导），他们不应该承认客户可能不需要他们所推销的产品，不应该承认竞争对手的产品可能更适合客户，不应该承认某些功能还没有准备好，或者不应该承认不知道客户某个问题的答案，而高绩效销售人员的做法恰恰与他们的相反。

在第8章中，我们会看到JOLT方法如何帮助销售组织，不仅提高销售赢率，而且帮助销售组织培养长期的客户忠诚度。

08

第8章

不只是赢率:
用JOLT培养
客户忠诚度

销售领导者正被他们的CEO和高层同僚越来越多地要求实现健康的、有盈利的增长，而不只是关注不惜一切代价地获取客户。对于企业来说，目标不仅仅是达成交易，而要培养长期的客户忠诚度。虽然客户始于最初的销售，但销售后带来的结果大有不同。客户可能持续购买、增加支出，并与他人分享他们的良好的体验；客户可能流失，对自己的经历感到心有余悸，并与他人分享他们的负面情绪。

本书提供了销售人员可以利用的、用以战胜客户犹豫不决的例子和想法，有助于他们赢得更多的交易。但本书不仅关乎如何提高销售赢率，同时关乎如何改善客户体验，并为销售组织的其他职能奠定可持续成功的基础。例如，我们在第3章中详细介绍了高绩效销售人员如何识别那些高度犹豫不决的客户的最大化者倾向，以及在发展客户关系的早期，致力于设定现实、可信的期望值。这是一种重要的销售行为，可以帮助减轻客户在决策过程中的压力，建立信任，并减少客户对结果不确定的担忧。同时，这对整个销售组织中负责客户关怀和拓展客户关系的其他人员也很重要，比如，客户经理或客户成功经理，他们的任务是维护和延续客户关系；又如，客户支持和服务代表，他们的任务是解决售后问题，并重新设定客户可能在销售过程中被误导的期望值。

客户忠诚度的四种类型

沃尔特·迪斯尼（Walt Disney）曾经说过："无论你做什么，都要把它做好。要做得如此之好，以至于当人们看到你做的时候，他们会想回来看你再做一次，他们会带着其他人来，让他们知道你做得有多好。"这是描述什么是忠诚度的一个好方法：产品、品牌和体验是如此与众不同和引人注目，以至于客户乐意购买、需要更多，并鼓励其他人也成为客户。

几年前，我们的研究团队开发了一个框架来解释客户忠诚度的驱动因素（见图8.1）。根据我们的研究，忠诚度有两个维度。一个维度是"产品（品牌）的黏性"，从低到高，这表示产品（品牌）在客户生活或业务中的渗透程度，以及竞争者要取代你作为优选供应商的困难程度。另一个维度是"客户费力度"，也是从低到高。

图8.1　四种客户忠诚度

读者比较容易理解产品（品牌）的黏性：有些产品是如此的引人注目和与众不同——可能是因为它们很先进或全面，可能是因为它们设计很精巧，可能是因为它们很炫酷，或者可能只是因为它们太便宜了——以至于我们被它们深深地吸引。而其他产品和品牌恰恰相反，所以我们会一直在寻找更好的东西替代它。

纵轴代表的"客户费力度"取自《新客户忠诚度提升法》中的研究。这项研究的核心在于，当涉及客户体验时，过多的摩擦和不必要的费力会导致客户忠诚度的降低。这种费力可能来自很多方面：令人困惑的营销信息和定价信息，难以安装和使用的产品，以及复杂的客户服务互动。研究清楚地表明，那些在售后方面不费力的客户更有可能与公司建立新的关系，更有可能花钱购买更多，也更不可能传播对产品（品牌）的负面口碑。对于公司来说，提供"低费力"体验的成本也要低得多，因为降低费力度不仅意味着客户的工作量减少，也意味着公司的工作量减少。简单轻松的体验不会给客户带来没有必要的中断/修复请求、重复联系、长时间的服务通话、昂贵的上门服务等。

很显然，最好的位置在右上方。在那里，公司提供引人注目的、差异化的、有黏性的产品（品牌）体验，并提供"低费力"的客户体验。符合这个标准的公司和产品屈指可数。对于许多客户来说，苹果设备或亚马逊Prime就是最好的例子——它们是非常有黏性的产品，不仅提供巨大的价值主张，而且非常容易使用，即使在出现问题的时候也是如此。结果是，尽管价格不断上涨，但大多数客户还是愿意毫不犹豫地为苹果产品支付明显的高价，或者无论亚马逊如何不断提价，客户都会在到期后继续订阅Prime服务。

当然，要竭力避免的是左下角的"死亡区"，即公司提供给客户的体验让他们感觉很困难且费劲，而且产品（品牌）无差异，无任何吸引力。这是一个双输的忠诚度区域。在这里，客户使用产品时感到很费力，但没有看到力挺某个产品的理由。在与我们合作的一家有线电视公司，我们听到一位客户花了15分钟向销售人员解释，他已经投入大约12小时来解决他的无线路由器的问题。他浏览该公司网站花了几小时，他又去了路由器制造商的网站，以及YouTube和各种在线支持社区。在三天的时间里，他打了多次电话，每次打电话都要重新解释他的情况。"你们这是在浪费我的时间！"他尖叫道，然后威胁说要取消合作，转而使用竞争对手的服务（他指出，竞争对手每月以更低的价格提供同样的网速），并告诉他认识的所有人不要与该公司做生意。这就是两败俱伤的感觉，遗憾的是，我们每个人都能想到几家这样的公司。

虽然针对右上角和左下角的区域我们可以举出很多例子，但现实是，大多数公司都属于其他两个区域，这两个区域的情况更加微妙。左上角的象限——低费力度和低产品（品牌）黏性——是我们称之为"可原谅"的区域，因为它代表了那些赢得客户忠诚度的公司完全是因为其容易合作，而不是因为其制造或提供任何特定价值的产品。你附近的杂货店可能是一个很好的例子。其他杂货店可能可以提供更好的选择、更优惠的价格等，但如果是在繁忙的工作日下午5点，你需要一个快速的、附近的晚餐选择，就近的杂货店几乎总是胜出。对于另一些人来说，他们在选择银行或信用卡公司时的情形也是类似的。他们可能有更好的选择——那些提供更低利率和更多优惠的银行或信用卡公司，更吸引人的分支机构或更高级的移动应用程序——但由于你现在使用的银行或信用卡公司已经够好了，你就懒得花时间去换。

右下角的象限是我们称之为"可忍受"的区域，在这个区域的公司，虽然产品难以使用，但仍有说服力和黏性。举个例子，一辆昂贵的豪华汽车，尽管保养起来令人头疼，但开起来很有乐趣，所以客户会忍受它。或者你家附近的咖啡店，虽然无线网络不稳定，咖啡师脾气暴躁，但做出的咖啡味道特别好。在某些情况下，位于这个区域的公司与其客户有种"俘虏性忠诚"的关系。尽管在该区域的客户体验中也伴随着不少的麻烦，但客户仍然有一种相对难以摆脱的感觉，因为更换成本太昂贵或太烦人了。想想你在旅行时通常选择的航空公司。当你还差几个航班就能获得更高的忠诚度等级时，你可能会忍受几次额外的航班取消、低效的登机流程或无用的客户服务电话。或许你的有线电视公司也属于这种情况：你感觉你为有线电视公司支付了过多的费用，却获得了比其竞争对手提供的更慢的网速和更少的频道，但当想到要预约安装和退回旧设备这些麻烦事时，你瞬间就打消了换公司的念头。实际上，从某种意义上讲，你被这些公司"困住"了。

但这些与销售，特别是与JOLT的研究有什么关系呢？

先赢后输

销售部门可能比企业的任何其他部门更以结果为导向。领导者、销售经理和销售人员通常被激励在规定的时间内最大化地实现目标。鉴于此，销售人员可能是最容易将培养长期忠诚度的想法视为"别人的问题"的人。

但是，如果在客户犹豫不决的情况下（请记住，在87%的销售机会中至少存在中度到高度的犹豫不决），销售人员虽然没有实施JOLT行为，但最终还是完成了交易，接下来会发生什么？正如我们在本书中多次讨论过的，客户的犹豫不决即使在销售过程中已经被战胜，但其影响可能在合同签订后很长的一段时间都挥之不去。这种现象——人们在决策做出后又重新评估自己的决策——就是心理学家所说的"决策后功能障碍"。"犹豫不决的人，"研究人员埃里克·拉辛（Eric Rassin）写道，"即使已经做出决策，他们也可能有一些担心。例如，他们可能怀疑自己的选择不是最好的。或者，他们可能担心自己的决策策略：做对了吗？在决策过程中采取所有必要的步骤了吗？"

拉辛谈到了三种类型的决策后功能障碍：担心、检查和决策动摇。这些都是相对直接和非常典型的情况，即客户对他们做出的决策没那么有自信，也许是因为他们感到最后决策做得太仓促了，或者他们仍然不确定如何实施改变，又或者方案中总有什么地方让他们感到不太对劲，但他们还是做出了决策。当这种情况发生时，你可以肯定客户仍会因此觉得需要付出大量的努力，并且其中一个明显的后果是开始担心他们是否做出了正确的决策或犯了一个错误。在他自己的研究中，拉辛和他的同事发现，一个人的犹豫不决与他们做出决策后担心的倾向之间存在着明显的相关性。

除了担心自己是否做出了正确的决策，一些客户还会通过额外的步骤，开始检查当初自己做决策时的工作。就是在做出决策之后，客户会回过头去做更多关于这个选择的研究。他们开始查看更多的评论，翻阅其他供应商的网站，甚至咨询主题专家和采购顾问，尽管他们已经签署了协议确定了使用某家公司的产品。犹豫不决导致检查自己的工作这一事实已经在很多研究中得到了证明，包括兰迪·弗罗斯特（Randy Frost）和肯尼斯·谢尔（Kenneth Sher）的研究，为什么某些学生会反复检查他们的答案并比其他人花更多时间交试卷。他们的结论是，根植于犹豫不决的不正常决策后行为是罪魁祸首。

与决策后功能障碍相关的最后一种行为是决策动摇。从字面上看，这是指客户改变了主意，选择了与他们最初的选择不同的方案。正如拉辛所解释的那样，"犹豫不决的人对于他们的结论的正确性是存有质疑的，因此在面对新的信息时可能会倾向于改变结论"。销售人员非常熟悉这种倾向。那些表现出犹豫不决、需要"连拉带拽"才肯签约的客户，往往也是那些后来动摇和反悔的客户，他们会援引取消条款，要求解除协议。

JOLT 如何降低客户费力度和减少决策后功能障碍

作为研究的一部分，我们测量了客户的费力度和销售赢率之间的特定关系（见下方专栏"我们如何衡量客户费力度"）。虽然赢率会因环境和情况而略有不同，但很明显，客户费力程度的提高也会大大增加销售人员成交的难度（见图8.2）。

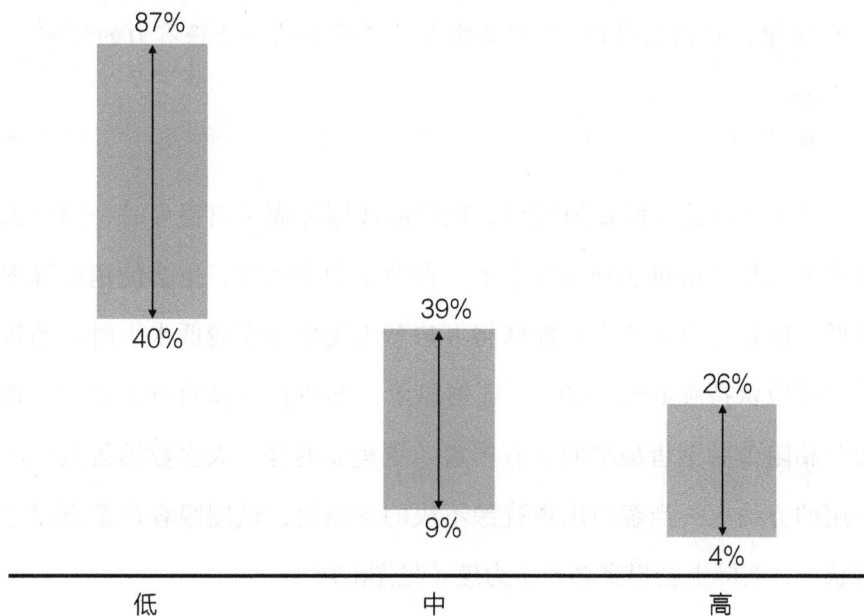

图8.2　客户费力度与赢率的关系

我们如何衡量客户费力度

几年前，Tethr公司的研究团队开发了一种方法，根据原始对话数据（如互动电话、聊天记录或电子邮件）来衡量客户在服务互动中感知到的费力度。基于十多年来对客户忠诚度驱动因素的研究，Tethr的费力指数（Tethr Effort Index，TEI）是一个由280多个变量组成的深度学习模型，可以有效地预测客户会如何回答"客户费力度"调研问题（"你的问题有多容易得到解决"）。

Tethr的研究表明，TEI分数与其他预测客户忠诚度的指标（如净推荐值和客户满意度）之间有很强的关联性。在我们的研究中，我们发现TEI也被证明是销售赢率的一个强有力的预测指标。

当客户感觉他们要为获得某项产品或服务而付出很多时，销售人员的表现甚至很难达到均值水平。即使是中费力度，也会使销售赢率降低。但是，当销售人员能够将客户费力度保持在较低水平时，销售赢率可以保持在40%~90%。证据显示，客户获得体验所需的"高费力"和阻力对销售赢率明显有损害。更重要的是，大多数销售人员所采用的方法——当客户出现犹豫不决的迹象时，试图跟客户重新讨论现状——实际上会提高客户费力度（见图8.3）。

在客户的改变意图确立（但表现出对进一步采取行动的犹豫）之后，通过强调维持现状的痛苦、孤立决策者、用没有采取行动的后果去吓唬客户，只会加剧客户当前的恐惧，而且无法解决做决策的客户个人对购买后混乱的日益增长的担忧。相比之下，JOLT是销售人员与客户合作的一种方式，能够帮助消除导致客户犹豫不决的恐惧。我们的数据清楚地表明，随着销售人员增加对JOLT的使用，客户费力度急剧下降（见图8.4）。

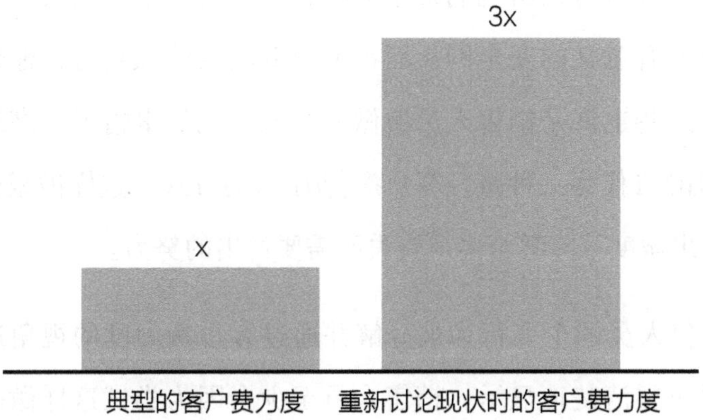

图8.3　是否重新讨论现状对客户费力度的影响

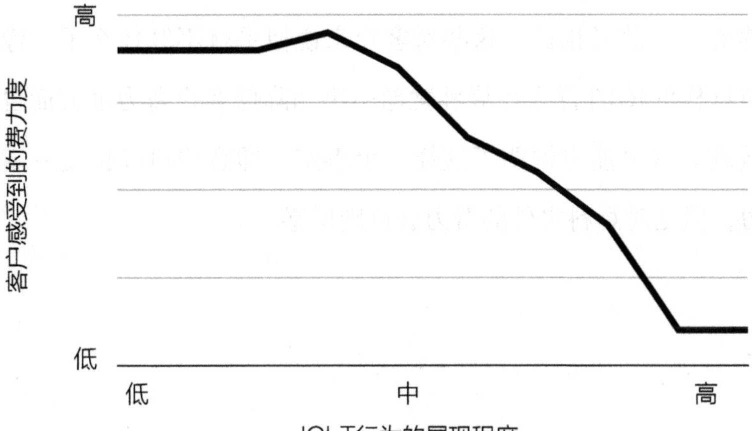

图8.4　JOLT行为对客户费力度的影响

　　为什么使用JOLT会让客户体验变得更简单且容易？还记得我们之前说过，客户最担心的是他们在采取行动中所扮演的个人角色。现在，想象一位客户——为了防止再犯过去的错误而要求大量信息的客

户，当销售人员切断无效的探索时他们会感到轻松；或者当销售人员
主动提供建议时可以给他们带来清晰感；或者当销售人员为他们提供
一个虽小但有意义的安全网从而帮助降低决策的风险时，他们会感受
到安全。这些也许是销售人员所做的最人性化的事情了。高绩效销售
人员使用JOLT作为一种减轻客户痛苦/压力的方式，这样做减少了可能
导致未来忠诚度下降甚至客户流失所需要付出的努力。

当销售人员的个人行为被分解并通过客户费力度的视角进行检视
时，似乎也很清楚地显示，销售人员至少会因为尝试这样做而获得回
报。没有什么比对客户毫无帮助更糟糕的了，即使是那些我们通常与
表现不佳联系在一起的令人遗憾的行为，比如对客户情况的误判或表
示困惑等。与前者相比，这些对客户来说似乎就不算什么了。像设定
期望值这样的JOLT行为在战胜犹豫不决和降低客户费力度方面也是特
别有效的。这可能也说明了这样一个事实，即客户可以接受一定程度
的费力，但是对意料之外的费力会特别反感。

结论

对于销售人员来说，要与任何被犹豫不决所困扰的客户进行交易
是相当困难的。正如我们在整本书中详细说明的那样，面对客户的犹
豫不决，JOLT是赢得更多交易的最佳方式。它对于销售人员、销售
经理和销售领导者来说，是非常重要的新"剧本"和新"玩法"。大
多数销售人员处理客户犹豫不决的方式——通过跟客户重新讨论现

状——会适得其反，很大程度上是因为它实际上提高了客户的费力度。这种体验会导致决策后功能障碍，并可能产生连锁的、广泛的、负面后续影响。这是一个远远超出销售组织范畴的问题。通过JOLT帮助客户摆脱犹豫不决的状态，降低了客户费力度，改善并丰富了客户体验，并大大提高了建立长期、忠诚的客户关系的概率。

至此，我们对JOLT的讨论告一段落——它是什么，它为什么有效，以及它被销售人员运用时会是什么样子的。在本书的其余部分，我们将深入探讨销售领导者在考虑如何将该方法嵌入其组织时的一些赋能和实现的问题。首先是如何评估客户犹豫不决这个问题对于销售组织的影响，然后是评估整个销售团队的JOLT技能水平。

第9章

客户犹豫不
决让你付出
了多少代价

如果你已经读到这里，你应该会认同犹豫不决是一个问题——无论是对你个人、你的销售团队还是你的公司。但你可能还不知道问题的规模和范围，以及是否要投入时间、精力和资源来解决它。在本章中，我们将介绍一些实用的方法来评估犹豫不决问题对销售组织的影响，包括总体层面和销售人员层面。

评估犹豫不决问题对销售组织的影响

在我们讨论如何评估销售人员之前，有必要先考虑一下销售组织如何确定是否存在客户犹豫不决的问题。对于一些销售领导者来说，他们凭直觉就知道——比他们心目中可接受的更多的交易最终流产了，或者比他们可接受程度更高比例的交易最后不了了之了。但对于那些不愿意凭直觉做判断的人来说，其实有多种数据源可以用来确定公司可能正在面临的犹豫不决问题的范围和规模。

也许最明显的选择是CRM数据。在使用这些数据时，销售领导者首先需要界定一个公司可接受的因"没有采取行动而流失"的交易比例。在我们的研究中，取决于具体的组织，因客户最终"没有采取行动而流失"的交易的平均比例为40%～60%。对于大多数的销售组织来说，这意味着不可否认的重大生产力损失。客观地说，我们认为对于高绩效的销售组织而言，比例应该大大低于此。但是，每个行业和每个市场的情况都是不同的。例如，我们采访的一位B2B SaaS市场的销售负责人说，他们服务的是一个定义很明确的市场。多年来，他们已经向潜在客户池中的每一家公司进行过推销。因此，从定义上讲，他们每年都有很大比例的交易最终因客户没有采取行动而流失。他告诉我们："如果能把'没有采取行动而流失'的比例降到40%，你让我做什么我都愿意。""对我们来说，更现实的做法是把这一比例降至60%以下，因为现在的比例要比这还高出一个数量级。"

为因客户犹豫不决而流失的交易建立关键基准线的另一个考量因素是，要根据交易类型和客户细分明确他们各自不同的销售周期。与面向中型市场或中小企业的小型交易相比，面向企业或政府客户的大型交易总是需要更长的时间才能完成。同样，销售人员给个人买家的产品和服务的销售周期也会因价格、合同期限和其他因素而有所不同。弄清楚这一点至关重要，这样销售领导者才能知道不同交易的"过期"日期是什么时候，也就是说，超过这个日期，交易就会被视为停滞。

另一种利用CRM数据来评估整体犹豫不决情况的方法是查看互动频率。根据Challenger公司的研究，健康的交易往往显示出客户和销售人员之间的更高频的互动。也就是说，当电子邮件和电话的发生频率更高时，这是交易接近达成的信号，而随着时间的推移，互动频率越来越少的交易更有可能以失败或客户无行动而告终。

一旦在销售组织内建立了这个基准线，销售经理接着就需要了解整个团队的销售人员的绩效分布情况。就像任何事情一样——任期、转化率、销售量、交易盈利能力等——销售主管可能会发现绩效呈正态分布。有些销售人员因客户没有采取行动而导致交易流失率很高，有些销售人员则会低很多，但大多数销售人员会集中在中间位置。正如我们将在关于辅导的章节中要讨论的那样，大多数销售经理倾向于将他们的辅导精力集中在尾部——那些因客户没有采取行动而导致交易流失率最高的销售人员（因为他们代表着销售组织的巨大生产力损失）和那些交易流失率最低的销售人员（因为经理会在这些销售人员身上看到自己）。但是，CEB公司（现为Gartner）的研究表明，针对处于中间那部分的销售人员进行辅导是最有效果的："如果让销售经理按照自己的想法去做，他们的辅导工作往往倾向于针对尾部……（但是）从辅导中收获的真正回报在于中间的这60%——你的核心员工。对于这一群体来说，最优质的辅导可以让绩效提升19%。"

关于评估犹豫不决问题对销售组织影响的最后一个想法是，公司应该在季度业务评估中将其作为一个持续的度量指标。仅通过赢率来确定哪些产品和谁卖得更好，可能会产生误导，因为它将两种原因根本不同的交易流失混为一谈。因为客户说"不"而流失的交易——例如，产品不是很适合，竞争对手提供了更有说服力的解决方案，或者采购委员会无法达成共识——与客户说"是"但仍然不购买的交易是完全不同的问题。通常情况下，后者表明销售人员未能弥合客户的意图和行动之间的差距。这不是产品与市场的契合问题，不是价值主张问题，不是洞察力或信息传递问题，甚至不是未能执行公司既定销售流程的问题。这是销售人员技能的问题，也就是说，销售人员无法有效战胜客户的犹豫不决。简言之，对流失的交易只是简单地一视同仁，会给管理层造成严重的盲点，从而导致对稀缺资源和管理时间的错误分配，最终无法真正解决问题。

一旦公司建立了自己的基准线，并对公司正在努力解决的无决断力问题的规模和范围有所了解，下一步就是了解无决断力如何在个人层面上影响销售人员。

评估销售人员的 JOLT 技能水平

正如我们将在第11章中所讨论的那样，销售组织应该调整其销售人员招聘标准，开始筛选那些比较符合JOLT要求的销售人员。但是现有的销售团队怎么办？领导者如何评估团队中每个销售人员的能力，以了解他们在JOLT技能方面的情况，从而确定每个人需要改进的地方？显然，答案在于找到一种评估销售人员的方法，但我们如何有效地做到这一点呢？

在本章余下的部分中，我们将探讨公司可以用来评估销售人员当前JOLT技能水平的三种方法：人工对话审计、客户调查、智能对话分析平台。尽管每种方法都有优点和缺点，每种方法都是评估JOLT技能的可行方法，我们接下来进行更详细的讨论。

使用人工对话审计方法评估犹豫不决问题的影响

如今，评估销售人员技能的默认方法是一线销售经理旁听销售对话，或者听销售人员的对话录音，以了解他们在哪些方面做得好，在哪些方面可以改进。在大型的呼叫中心，这项任务通常由质量保证团队负责，该团队每个月都会对每个销售人员的电话进行抽样审计，最终分数不仅供销售人员绩效评估之用，还提供给销售经理，用于销售人员的辅导环节。

在JOLT Effect的网站上，我们提供了一个人工对话审计工具，销售经理可以使用它来为销售人员在单个销售对话或特定机会中使用JOLT技能的情况进行打分。虽然人工对话审计方法启动成本最低（因为它不需要额外的技术投资），但它也是最费人工的，也是最难保证操作正确的。多年来，我们与许多公司合作，对审计流程进行了改革，并因此看到了公司所犯的种种可能会减损这种方法的好处的错误。

首先，人工对话审计的样本量较小。在大型的电话销售呼叫中心，人工对话审计样本的行业标准通常是总呼叫量的1%。在一个主动型销售组织中，这个百分比往往更高（因为呼叫量要低得多），但它通常仍只占每个销售人员进行的所有销售对话的一小部分。此外，很少有销售经理会审查一个特定的销售过程中的所有对话。在销售周期以月或更长时间为单位的公司，销售经理可能只会旁听或审核与特定交易有关的所有互动的一小部分。由于小样本显然比大样本更不能代表整体绩效，因此这种人工对话审计出现假阴性和假阳性的可能性要高得多。也就是说，小样本审计错误地判断销售人员在某一领域缺乏技能或表现优异的风险要高得多。显然，控制这种情况的一种方法是增加样本量，尽管这种方法很快就会受到管理带宽的限制，这就是为什么在大规模的电话销售团队中，公司通常会由专门的团队（通常是质量保证团队）来做审计工作。

其次，许多人工对话审计工作最终会基于非黑即白或生硬的标准，这意味着销售经理只是关注销售人员使用的特定短语或话语，而不关注是否展示出了更广泛的能力。这给销售人员留下了很少的灵活变通的空间，否则他们更喜欢根据特定的客户或情况调整他们的方法。这种情况对大型呼叫中心而言是一个特别严重的问题，因为质量保证团队每年要审计数百甚至数千个对话，需要以"勾选框"的方式快速评估对话，否则工作将无法完成。在这方面，最好的公司为其对话审核员（无论是一线销售经理还是质量保证团队）配备的不是询问销售人员是否展示了某项技能这样的计分卡，而是基于能力的计分卡，要求审核员具体说明某项技能的展示水平，从新手到专家直至大师水平。

最后，人工对话审计通常会变成销售经理希望看到销售人员展示其一系列技能的活动——不仅仅是JOLT技能，还有他们接受过训练的其他技能，以及客户、产品或行业知识。此外，销售经理或质量保证团队还经常被要求倾听合规问题或客户对新产品和方案的反馈，以及竞争对手相关信息。在旁听一段对话的同时还要聆听和留意这么多不同的事情，显然会增加某些事情被掩盖或被完全错过的风险。出于这个原因，许多拥有大型呼叫中心的公司通常会将质量保证团队分成两组，一组负责技能和能力展示的旁听，另一组负责合规、竞争对手和市场反馈等信息的旁听。

任何依赖人工对话审计方法的公司都需要认真考虑如何解决上述的这些问题，以免所做的努力和投资最终化为乌有。如果不解决这些问题，显然会削弱源自这种方法的辅导效果，与此同时也有可能挫伤销售人员的积极性，他们可能认为这个过程是不公平的、武断的和具有惩罚性的（凭小样本或非黑即白的评分标准就下结论），或者根本无助于提高他们的技能和推动更好的结果。

使用结构化的客户调查来评估犹豫不决问题的影响

在大多数大型销售呼叫中心，人们往往将质量保证团队的评分与电话后调查反馈相结合，以还原更真实的绩效图景。类似地，主动型销售组织通常会依靠输赢调查和访谈，不仅了解客户为什么选择购买或不购买，还会试图了解销售人员对结果的影响。同样，公司可以（也应该）使用"客户之声"来补充任何人工对话审计过程的不足，以获取客户对销售人员绩效的评估和对整体体验的看法。

如果部署得当，售后调查和访谈可以成为公司更好地了解犹豫不决问题可能对特定交易产生影响的可靠工具。然而，像人工对话审计一样，调查这种方法有其自身的问题。其中，最主要的问题是，在客户被各种供应商的调查狂轰滥炸之后，能从客户那里获得的调查回复率很低。就像与人工对话审计相关的样本量问题一样，小样本量调查也可能导致假阳性和假阴性，这可能导致该方法的预期效果完全无法达到。调查的另一个缺点是，客户通常会提供定量反馈（他们会回答一些简单的问题，如"非常同意"到"非常不同意"），但通常不太可能提供详细的定性评论，这让销售经理摸不着头脑，不知道客户为什么会给他们打这样一个分数。在这里，输赢分析访谈可能是一种更有价值的方法，值得注意的是，这种访谈肯定更耗费时间和人力，并且存在另一种形式的样本偏差，因为大多数或所有受访者都是销售人员最终赢得交易的客户而不是那些流失的客户。缺少了那些流失客户的细节，要理解犹豫不决问题的影响会更加困难。

就像人工对话审计一样，销售经理希望使用调查或输赢访谈来了解犹豫不决问题对商机的影响，并评估销售人员的JOLT技能，但他们很快会发现，自己在与来自销售、产品、营销等部门的同事争夺宝贵和稀缺的资源，这些人也希望将调查作为回答自己紧迫问题的工具。考虑到调查时长和回复率之间的负相关关系，简单而直接地在调查中添加更多的问题并不是一个可行的方案。公司提出的问题越多，客户就越有可能在填写问卷的中途放弃，而不是完整地填写整个问卷。

读者可以从JOLT Effect网站下载一套调查或输赢访谈问卷，可在售后的场景中使用。

使用智能对话分析平台来评估犹豫不决问题的影响

对于希望提高销售团队绩效的销售领导者和经理来说，最令人兴奋的技术进步之一应该是基于机器学习的智能对话分析平台的出现。这些平台——包括Tethr，我们的团队用来为本书做研究的平台——代表了公司用以评估销售人员技能、了解他们提供给客户的体验以及发现针对性辅导机会的方法上的一大进步。

如前所述，智能对话分析平台记录销售对话——无论是来自Zoom、Teams或Webex等网络会议平台，还是电话销售呼叫中心使用的数十个电话录音平台中的任何一个，使用自动语音识别软件将音频转录为文本，然后让从业者挖掘数据以获得洞察。考虑到我们在本章前面讨论过的人工对话审计的缺点，人们对这项新技术及其在开发公司的暗数据资产的潜力方面表现出浓厚兴趣就不足为奇了。一旦公司能够"大规模倾听"，他们不仅可以对销售人员的绩效，还可以对客户体验、销售效果、营销活动和共鸣、产品性能和合规风险等（这里只罗列一些）更广泛的问题获得新的洞察。销售对话记录为公司提供了一个非常丰富的数据集，使公司最终摆脱了传统的客户洞察收集方法（如调查），这些方法正在呈现出越来越低的回复率和越来越少的信息反馈等特点。

然而，尽管市场上提供这项技术的公司数量呈爆炸式增长，而且销售领导者的兴趣度也很高，但根据研究公司阿伯丁（Aberdeen）的数据，目前智能对话分析平台的使用率仍然很低，只有26%。根据我们自己在Tethr的研究，我们估计在部署了该技术的公司中，有80%的公司报告说未能实现预期的投资回报率。在与这项技术的早期采用者进行的100多次的深入对话中，我们的团队发现了对智能对话分析平台进行投资的一些陷阱，考虑采用这项技术的从业者在走上这条道路之前需要特别注意：

- 难以从语言数据中提取洞察。

- 无法针对洞察有效地采取行动。

- 过高的总拥有成本。

在本章的剩余部分，我们将详细研究这些陷阱，这样做可以帮助公司避免前人的失误，并获得对智能对话分析平台进行投资的预期收益。

难以从语音数据中提取洞察

我们听到的早期采用者最常见的抱怨是，很难从他们的智能对话分析平台上提取洞察。这一挑战体现在许多方面。首先，用户抱怨这样一个事实：使用智能对话分析平台解决方案，他们最多只能捕捉一些关键词（例如，寻找销售人员每次使用"价格"这个词或客户提到某个具体竞争对手的名字时候），即使准确捕捉到这些关键词，也无法真正洞察到销售人员在哪里出现了问题，以及公司可以采取什么措施来解决问题。这些公司意识到，关键词提供的只不过是间接洞察，如果没有充分了解对话的背景，这些间接洞察通常被证明是不准确和不可靠的。

为了从电话记录中获得更深入的洞察，公司必须使用"分类"这样一种概念和机制。一个分类类别是指一个机器学习训练集（也被一些供应商称为"主题"）。类别不是简单的关键字识别，而是一堆短语或表述，它们共同描述了一个特定的概念或行为。例如，试想一下我们所发现的"排除风险"的一部分销售技能，如管理预期或提供不利风险保护。这里的每一种销售行为都可以通过数十种甚至数百种不同的方式被销售人员展示出来。因此，类别是把所有相关的短语和表述集合起来，对话中包含这些短语和表述可以表明销售人员正在管理预期或提供不利风险保护。

大多数智能对话分析平台都提供了许多"开箱即用"的类别，尽管这些类别往往是简单的客户情绪（如沮丧、困惑、价格顾虑）或销售人员的行为（如承认、探究式提问）。目前，还没有哪个平台预先构建了JOLT类别（除了Tethr，这是我们用来为本书做研究的平台）。尽管如此，几乎所有的智能对话分析平台都有构建定制类别的能力，如果确保投入一定的时间和资源，公司没有理由不可以将其添加到现有系统中。然而，构建全新的类别最终可能会耗费大量资源，昂贵且耗时。许多公司通常会发现，要做这类工作，要么依赖自己公司的内部数据分析能力，要么选择供应商，而这可能意味着复杂的工作和成本昂贵的专业服务费用（而且最终会发现软件供应商可能并不适合帮助发现和构建对话数据中的销售行为）。

这项技术的早期采用者难以从智能对话分析平台上获得可操作的洞察的另一个原因是，他们过于依赖音调情绪分析。在智能对话分析平台解决方案中，情绪通常通过两种不同的方式来衡量：音调情绪（系统通过获取音调变化模式来确定客户的情绪）和基于语法的情绪（系统通过查看所说的实际词语来确定客户的情绪）。虽然音调情绪作为一项技术已经取得了长足的进步并不断地改进，但它往往会产生很高的误报比例。例如，当客户在拥挤的空间用手机打电话时往往会大声说话，目的只是让别人听到她的声音，机器却认为客户生气了。此外，许多基于语法的情绪模型依赖于传统的关键词，而这些关键词往往无法识别更复杂情绪所需的微妙背景（这是理解销售人员如何处理不同程度的客户犹豫不决的重要组成部分）。

最后，销售组织一直对这样一个事实感到沮丧，即洞察仍然被困于智能对话分析平台上，在销售组织中形成了"洞察瓶颈"。这种情况有不同的表现方式。例如，销售领导者会因为特定的销售用途（例如，为销售人员的销售技能提供评估和辅导）购买智能对话分析平台，但发现购买的平台并不能被其他职能部门（如产品、客户体验、营销）轻松使用，以满足其洞察需求，因为平台是为单一用途而专门构建的。最后，销售部门被迫为组织的其他部门扮演"洞察服务中心"的角色。与此相关的一个问题是，公司经常发现，智能对话分析平台解决方案的洞察很难传递给其他平台或系统（如CRM、商业智能和报告工具），再次将有价值的洞察困于销售部门，而不是在整个公司范围内进行广泛的传播和利用。

我们采访过的一位客户用一种再熟悉不过的语气告诉我们："我们现有的智能对话分析平台合同还剩一年，但我们决定关闭这个平台。总之，要让这个平台生成任何可操作的洞察，以支持我们自信地采取行动，需要做的工作太多了。"

无法针对洞察有效地采取行动

在我们关于智能对话分析平台的研究中，第二个常被提及的陷阱是无法驱动行动，或者更简单地说，无法在公司的关键业务优先事项上"带来改变"。每个公司在对智能对话分析平台进行投资时都有一套他们希望为组织实现的关键目标。在销售中，这些目标可能是降低因客户没有采取行动而流失的交易的比例，提高销售人员对销售流程的遵守程度，提升追加销售和交叉销售的效率等。当然，根据职能领域的不同，这些目标也会有所不同。例如，销售人员专注于提升方案效果和获得竞争情报，客户体验领导专注于消除客户旅程故障和提高净推荐值，客户成功感兴趣的是提高用户使用率，客户支持感兴趣的则是降低客户费力度和消除售后服务体验中的摩擦点。但是，尽管我们采访的所有公司都能清楚地表达他们在对智能对话分析平台进行投资方面的目标，但能够宣称做得很成功并指出可证明的业务改进的公司要少得多，即使那些从一开始就能够从平台中提取洞察的公司。

在我们的分析中，我们发现了公司依靠智能对话分析平台难以推动业务优先事项的两个关键原因：首先，过度依赖描述性的、表层的洞察；其次，缺乏强大的客户互动模型，以支持公司实现所追求的绩效增长。

为了真正推动围绕洞察的行动，（智能对话分析平台）供应商不仅必须帮助客户生成简单的描述性分析（"什么"），也必须帮助客户使用分析来理解"什么"背后的"为什么"和"如何"。也就是说，为什么某些结果会发生，以及如何让它们朝着积极的方向发展。例如，如果一家公司试图提高销售转化率，仅仅知道销售人员在销售对话中说话时间的百分比或是否提出过问题是不够的。至关重要的是，公司需要深入了解特定的语言技巧、话语表述、给客户的回应等是如何影响转化率的。而且公司需要了解这些技巧的变化是如何影响销售结果的，以便能够始终如一地、可预测地将转化率推向正确的方向。在实践中，这意味着公司需要供应商不仅提供对客户所说内容的洞察，而且提供预测性（相关关系）和规定性（因果关系）的建模方法，以指导在工具、培训、辅导和其他形式的销售支持方面的正确投资。打个简单的比方，如果你发现房子里有几摊水，仅仅知道屋顶漏水是不够的。如果不知道水是从哪里、如何渗透到房子里的，以及如何阻止它的发生，你只能把水桶放在地板上收集水，却没有办法从根本上解决问题。

其次，公司需要供应商的帮助，才能很好地利用产生于智能对话分析平台的洞察来推动真正的变革。我们采访的公司人员告诉我们，他们的供应商善于帮助发现业务中的问题，在某些情况下，甚至帮助他们认识到问题背后的驱动因素和潜在的解决方案，但在与他们实际合作以推动变革方面还远远不够有效。正如一位客户告诉我们的那样："我们的供应商只有在我们付费与其专业服务团队合作的情况下，才会帮助我们利用洞察推动变革。基于成本的考虑，我们决定自己干，结果陷入许多本可避免的陷阱，使我们的改进工作大大受阻。这就好像供应商有一张通往成功的秘密路线图，但除非我们付钱，否则供应商不会与我们分享。"

简言之，进入智能对话分析平台解决方案市场的公司需要防范很有可能出现的一种情况，那就是它们无法利用平台呈现出的洞察来推动变革。若要避免这个问题，公司需要智能对话分析平台产生的洞察必须是可操作的（洞察不能仅仅是描述性的，而是要达到预测性和规定性的程度），并且供应商要提供一个客户互动模型，旨在帮助客户公司在关键目标上取得实际进展。

过高的总拥有成本

使用智能对话分析平台的公司提到的第三个也是最后一个问题是，解决方案通常会带来令人望而却步的总拥有成本（Total Cost of Ownership，TCO）。正如一位高管在我们的研究中告诉我们的那样："我从来没有想过我会说这样的话，但归根结底，对我们来说，继续使用人工对话审计并从中寻找洞察，实际上比使用我们供应商的（智能对话分析平台）分析包更划算。当我们权衡利弊并计算TCO时，我们发现它非常昂贵。"

大多数智能对话分析平台的TCO分为直接成本和间接成本。直接成本包括与呼叫输入相关的成本（通常按分钟定价），如转录、处理和存储，以及基于座席数的用户使用许可。在某些情况下，特别是对于本地部署的系统，客户还经常需要为购买的硬件和软件支付资本成本（这些硬件和软件还要经历定期更换和升级周期）。这些成本通常在供应商的投资意向书和合同中都会明确列出。

然而，最终让客户感到意外的是让智能对话分析平台发挥作用所需要的许多不可预见的成本。例如，大多数客户发现，要使用预构建的类别做比描述性分析和关键词定位更高级的事情（例如，调整类别或构建自定义类别、添加异步元数据或进行预测性和规范性分析），他们要么被迫雇用自己的数据科学家团队，要么雇用供应商的专业服务团队。为了从平台上获得可操作的洞察，对客户来说可能意味着大量成本不菲的工作。而且，如果客户希望将数据传送到下游应用程序（CRM、BI工具、企业数据湖等），他们通常需要购买提取许可，以便将数据从供应商的服务器中取出。许多供应商还会收取对已经处理过的音频进行额外分析的再处理费（例如，当销售领导者想要回到已经分析过的对话，以寻找与他们最初寻找的不同的内容时）。

除了这些成本，IT、数据分析和采购领域的企业领导者经常会沮丧地发现，他们的各种内部业务客户（销售、客户支持、客户成功、营销、客户体验、产品等）都会购买一个专为他们的需求而构建的平台（因为智能对话分析平台领域的大多数供应商都专注于特定领域的分析）。这不仅增加了组织的成本和复杂性，而且每个点状的解决方案通常都要求客户分别付费，将相同的音频数据提取和处理到各自的平台（例如，首席营销官可能要重复付费将音频处理到他的分析平台，因为销售领导者已经付费将相同的音频处理到她的团队使用的平台）。除此之外，还有与各部门独立运营相关的、难以量化但更糟糕的成本。例如，当不同的职能部门使用不同的测量视角聆听相同的客户声音时会发生什么。

为了真正了解直接成本和间接成本，企业需要在供应商的投资意向书之外，深入了解智能对话分析平台解决方案的全部成本。如果平台没有以使用者（一般都是智能对话分析平台技术的外行）为中心进行构建，也就是说，如果外行很难快速轻松地将非结构化语音数据转换为可以分析和研究的结构化数据，那么成本就会远远超过客户在初始投资时预期支付的费用。此外，如果平台是专门为特定功能或用途而构建的，那么公司将需要做好将TCO增加几倍的准备，因为组织的不同部分将投资于自己的点状解决方案来分析客户语音数据。

正在考虑为其组织提供智能对话分析平台解决方案的读者可以在Tethr的网站上下载免费的买家指南。

结论

评估组织的JOLT技能水平需要在两个层面上进行：首先，公司必须了解其销售团队面临的犹豫不决问题的规模和范围；其次，需要评估销售人员的JOLT技能水平，以发现需要改进的地方并进行有针对性的辅导。

在评估销售人员JOLT技能水平时，公司可以使用一些不同的方法，从低科技含量的人工对话审计到高科技含量的智能对话分析平台。每种方法都有其优点和缺点。在当今世界，大多数公司都在努力消除手工任务，减少对低回复率调查的依赖，智能对话分析平台对于那些希望更好地了解其销售有效性和客户体验的销售组织来说，是一项突破性的技术。遗憾的是，早期采用者的经验并没有给那些仍在准备投资这项技术的公司注入信心。从对话数据中提取洞察的难度，实现真正业务改进的挑战，以及通常居高不下的TCO，都是阻止智能对话分析平台实现其预期效益的真正障碍。潜在客户需要全面而深入地理解在对智能对话分析平台进行投资将遇到的挑战，这样他们才有可能成为这项有前途的新技术的精明消费者。

在第10章中，我们将讨论JOLT如何应用于不同的销售环境中。

10

第10章

在不同的销售
环境中应用
JOLT方法

就像对于销售有效性的所有新研究一样，人们会很自然地询问，有关JOLT的发现如何应用于不同类型的销售组织。本章将分析在应用中这些差异可能体现在哪里，以及如何根据销售产品和销售对象的不同而应用JOLT方法。

在我们探讨这些在应用中的差异之前，值得注意的是，我们在数据中也看到了广泛的共同点。在某种程度上，所有的销售人员都是在以某种形式销售"改变"。他们的工作不仅仅是影响和说服客户，还要激励客户采取行动——不仅要让客户相信现状是难以维持的，而且要让他们相信改变是值得的，他们对改变的担心是可以解决的。虽然客户做出的决策的复杂程度会在一定范围内有所不同，有些决策简单，成本较低，纯粹是交易性的，而另一些决策则相对复杂，相当昂贵，可能涉及许多战略性的影响，但通过分析，我们还是看到了一些共同的主题：

- 犹豫不决是拖累销售赢率的最大因素之一，无论我们卖什么或卖给谁。

- 犹豫不决是很普遍的，也是不可避免的——我们不能指望它消失，也不可能把它完全排除在销售漏斗之外。

- 在我们研究的所有销售对话中，犹豫不决出现的频率和程度都是一样的。没有任何一种销售模式、公司或行业可以幸免于此。

因此，当我们认真审视JOLT方法时，我们在不同行业、不同销售模式和不同采购复杂性的交易中看到了显著一致性。客户犹豫不决是一个普遍的人性问题，所有的销售人员都必须弄清楚如何应对。

话虽如此，在不同的销售环境下，犹豫不决程度以及团队的JOLT实施指南是不同的。最明显的区别在于该框架如何应用于不同类型的客户。与向大型的采购团体或公司销售更复杂解决方案的销售人员相比，向个人客户销售简单交易型产品的销售人员可能面临着不同的挑战。在本章的剩余部分，我们将解释如何在这些不同的销售环境中应用JOLT方法。

呼入型销售渠道

长期以来，在金融服务、电信、公用事业、旅游休闲、保险和零售等消费行业，呼入型销售一直是一个重要的渠道——随着新冠疫情导致零售门店的人流量下降，这一渠道的重要性只会增加。

但呼入型销售并不是B2C独有的渠道。随着B2B行业的公司为客户自行在线购客户面提供的支持越来越完善，不仅是下产品订单，还包括配置和购买复杂的解决方案，如云计算服务，呼入型销售渠道就像在B2C公司中一样，正在成为客户购买过程中关键的"第二站"。因此，近年来，B2B组织在将简单的交易转移到线上和呼入型销售渠道方面变得更加积极。这样做使它们能够降低销售成本，并将最稀缺的资源——有经验的现场销售人员——重新聚焦在销售更复杂、更昂贵和更难销售的解决方案上。

通常情况下，当销售人员通过这个渠道与客户交谈时，客户已经做了广泛的研究。他们仔细搜索在线评论，从推荐中去芜存菁，阅读专家评论和分析报告，研究供应商网站，比较不同供应商的特点和优势。考虑到客户触手可及的信息如此之多，以及供应商已经把在线购物变得如此容易，这么多买家仍然决定拿起电话打给销售人员，这实际上有点令人惊讶。人们可能会认为，在这个时代，很少会有客户，尤其是那些考虑购买简单产品的客户，会主动决定与销售人员交谈。但呼入型销售电话数量这么多年来一直稳定地保持在高位。事实上，有一些证据表明，这一数量已经并将继续增长。

为什么会这样呢？就像我们在书中前面提到的旅行社的故事一样，客户可以获得的大量信息往往会让他们不知所措，不是让他们感到有更大的自由度，而是对自己应该做什么感到困惑。

时间就是金钱

关于这个渠道的销售机会，需要考虑的一个最显著的因素是，在大多数情况下，这些电话就像浓缩到30~60分钟的整个销售过程。因此，优秀的JOLT销售人员做的第一件事是确保来电者真的是一个实在的买家。因为现在有这么多渠道可以进行公开透明的购前调查，更不用说自己进行购买了，大多数来电者在打电话时就已经有购买的想法了。他们打电话本身就是一个购买意向的表现。根据我们的数据，通常60%~75%的呼入型销售电话或聊天是与那些在对话一开始就明确表达了购买意图的客户进行的。从交流的最初时刻起，这些客户就会分享他们做过的所有功课，详细描述已经做过的比较，并提出具体的购买问题。

那其余的25%~40%呢？这个问题的答案为呼入型销售组织的销售人员上了非常重要的一课。当我们检查那些没有购买意图的互动时，我们发现了一些令人惊讶的事情：绝大多数实际上根本不是销售电话。其实，这些不过是客户有服务需求，但由于这样或那样的原因，最终排在了销售电话队列中。我们发现这些错误的呼入发生的原因有很多：一些是呼叫者不小心输入了错误的号码；一些是试图追踪信息（如信用、税务信息）的前客户，但无法通过自动化系统进行身份验证；还有一些人特意选择了销售队列，因为他们从以前的经验中知道，公司接听销售电话的速度比服务电话快。无论出于什么原因，这些服务联系最终都会对呼入型销售组织的整体生产力造成明显的拖累。

也许并不奇怪，因为这些客户并不打算购买任何东西，这些电话的销售转化率在我们研究的所有对话类型中是最低的，只有16%。销售人员不仅不可能向只是寻求解决问题的客户销售很多产品，而且电话本身（虽然比销售电话短）对销售人员来说也会消耗时间。对于一家每年要处理数千次销售互动的大公司来说，这意味着一个可以节省销售时间、重新配置资源的巨大机会。

在呼入型销售环境中，高绩效的JOLT销售人员将他们的时间视为稀缺资源。在我们的研究中，我们发现这些表现优秀的员工在判断客户犹豫不决程度方面表现得很出色。他们更有可能建议——通常在一两分钟之内——来电者的问题最好由客服代表来处理，这样他们就可以接通销售电话队列中的下一个电话，并且在理想情况下，很快就会遇到下一个潜在客户。

与表现出色的销售人员不同，绩效一般的销售人员会花费大量时间试图帮助客户解决服务问题。虽然他们的出发点肯定是好的，但数据表明，他们最好还是把时间花在销售上，把服务电话转给合适的部门去处理。那些选择解决服务问题而不是迅速把问题转给合适部门的销售人员很快会发现自己力不从心。销售人员在服务电话中保持沉默的时间比例——这表明他们被客户的要求难住了，不知道如何处理——明显高于我们看到他们在处理销售问询时的比例。

与我们合作的公司有时会指出，将有服务需求的客户转给其他部门会让客户感到沮丧和提高客户费力度，所以最好让销售人员尝试解决这个问题，而不是把客户交给其他部门。但在CEB（现为Gartner）进行的研究中，我们发现转交实际上可以带来积极的影响，前提是销售人员要处理得当（"我想把你转给一个我知道可以帮你解决这个问题的人"），而且转交是"有人情味的"，这意味着销售人员会一直保持在线，直到客服代表接起转接电话并充分了解了客户的问题。

判断呼入型渠道中的犹豫不决的关键是，识别客户在对话一开始发送的信号，并以热情和机智的方式传递面向服务的请求。对于那些代表销售机会的来电者来说，绝大多数人进入队列时已经有了购买意向。因此，销售人员的主要工作不是说服，而是要帮助客户排除导致他们犹豫不决的原因。而且，如果在不是非常具有挑战性的情况下，销售人员通常只有不到一小时的时间来做这件事（在某些情况下甚至远远少于这个时间）。

指导来电者做出正确的决策

高绩效的呼入型销售人员就像在其他销售环境中一样，绝对会使用个人建议来帮助客户解决选择困难的问题。这在呼入型销售环境中尤其重要，因为依靠电话进行销售的人员通常无法依赖以前的关系——他们没有商誉和信任的积累。当然，很多因素会影响客户的信任如供应商品牌、产品需求、第三方推荐，但所有这些都不在电话销售人员的控制范围之内。这也增加了他们限制客户购买探索的压力。对于他们来说，与客户沟通的媒介有局限性，一切都取决于此时此地传达的信息——在几个月的时间里，没有电子邮件往来，也没有后续的联系电话。时间也很紧迫，一点一点流逝，直到电话或聊天中断。客户身处其他地理位置，通常对着计算机同时浏览几个网页。电话销售人员往往独自一人，无法接触到相关领域的专家或资深的经理以帮助他们锁定交易。所有这一切都令犹豫不决的客户更倾向于先挂断电话，仔细考虑一下，然后再购买。在这种情况下，高绩效的JOLT销售人员明白，他们没有第二次机会，需要特别努力，以避免交易陷入死胡同。另外，当客户考虑到用自己的血汗钱进行购买时，规避风险此时就会被赋予一层更特殊的含义，这在向小企业主进行销售时也是如此。因为担心替公司进行了一笔糟糕的采购是一回事——毕竟，没有人愿意向老板解释这样的事情——但如果钱是从你自己的口袋里掏出来的，那就完全是另一回事了。

很多时候，潜在的客户会要求更多的时间来做决策。在我们的研究中，绩效一般的呼入型电话销售人员的反应有两种：他们要么采用某种FUD形式，利用稀缺性或价格驱动的紧迫性来试图立即促成交易（例如，"好吧，但我不能保证这个折扣会持续下去"），要么完全顺从客户，迅速接受客户的提议，让客户以后再打电话过来。从前面的讨论中我们已经知道，试图吓唬客户使其购买的方法很少奏效，即使偶尔有效，也会导致客户很快对购买感到后悔，并打电话取消。但另一种方法也好不到哪里去，因为客户很少（如果有的话）真的会兑现他们的承诺，以后再打电话过来。其实，他们真正想说的是"不，谢谢"，只是要求更多的时间，说"要考虑一下"可以避免显得不礼貌，同时不会让销售人员感到尴尬。

了解到这一点，在交易型环境中销售的品牌公司通常会给其销售人员提供一些帮助客户降低风险的工具。退款保证、先试用再购买、免费试用期及灵活付款条件都是销售人员克服结果不确定性的强大机制。然而，这些工具的使用仍然只是一种选择，因为许多销售人员要么滥用，要么没有充分利用，而JOLT销售人员则懂得以明智而有效的方式使用它们。

我们已经讨论了呼入型销售人员在帮助客户战胜犹豫不决时所面临的一些差异，现在让我们将焦点转移到外向型销售渠道上。

外向型销售渠道

数以百万计的企业依赖外向型销售渠道来实现增长，这仍然是当今大多数B2B组织的主要销售动作。在我们研究的更复杂的解决方案销售对话中，大多数对话发生在销售人员和潜在客户之间（狩猎型销售），但我们也收集了大量与现有客户的对话，也就是说，来自大客户管理团队的销售对话，他们针对现有客户开展续约、追加销售或交叉销售的工作（耕种型销售）。

外向型销售的主要区别因素是，它通常需要经历一个长达几周、几个月甚至几个季度的销售过程。整个采购委员会的人员都参与其中，并作为一个团队参与到整个采购过程中的多次对话中。交易价格通常要高得多，合同期限也要长得多，而且采购通常必须经过从采购到财务、信息安全、合规性和法务等一系列部门的审查和审批。最初的客户互动通常在销售人员介入之前就开始了。可能一开始是客户公司里一位好奇的决策者下载了一些白皮书，而销售团队则通过在随后的几个月发送一系列有针对性的电子邮件来保持潜在客户的兴趣。也可能是某个技术用户几个月前参加了一次网络研讨会，然后被添加到销售组织分发的通信列表中。或者是少数关键客户在贸易展会上要求看演示，现在他们已经加入了一个由供应商需求生成团队运营的在线讨论区。

符合营销条件的潜在客户线索通常会交由业务开发代表（Business Development Representative，BDR）团队，然后他们通过电话和电子邮件进一步确定客户的兴趣和购买意向。当然，即使外向型的销售人员拥有的BDR团队帮他们做前期市场和客户预约，大多数人仍然会在各种各样的地方寻找潜在客户：社交媒体、展会、行业活动，或者最传统的"打陌生电话"，通过打电话或发送电子邮件，希望在正确的时间找到正确的潜在客户，并向他们提供他们正好需要的服务。

管理长销售周期中的犹豫不决

让我们假设一下，在各方面条件都很理想的情况下，一个销售人员找到了一个真正有需求和兴趣的潜在客户。接下来不是一次简单的对话，而是一个完整的过程。尤其考虑到犹豫不决这个因素时，这绝不是一件小事。如果客户犹豫不决，他会在整个销售过程中表现出来，不仅在第一次销售对话时，也不仅在最后一次销售对话时，而是在这之间的任何时候以任何形式：电子邮件、语音邮件、短信、Slack消息等。在小型企业的决策中，客户可能只是担心错误的决策使采购费用支出比例过大，而在大型企业中，客户就会担心错误的决策可能让他们丢了工作。根据销售的产品和服务，具体情况可能有所不同，但在许多情况下，"从IBM购买产品的人不会被解雇"这句古老的格言很能说明问题。也就是说，即使一个不太知名的供应商提供了更好的选择，客户也经常会从经过验证的供应商那里选择更安全的方案。原因是，在复杂的解决方案销售中，人们真的会因为做出糟糕的、一时疏忽的、信息不充分的采购决策而被解雇。

最极端的版本往往是涉及很长销售周期的采购。例如，我们合作的一家公司销售建筑服务（建造医院、体育场馆、办公楼和其他大型项目）。从项目得到批准到动工，需要做出上千个决策，而且几乎所有这些决策都是有风险且不可逆转的。例如，新医院的实验室应该有多大？一方面，一个更大的实验室将容纳未来增加的实验和新添置的设备。但是，另一方面，更大的实验室可能意味着更小的急诊科或产科病房。做了错误的决策就意味着要在很长一段时间内承担后果。你可以想象，在这种环境下，客户会经历严重的选择困难和对结果不确定的担忧。

那些销售服务的人员面临着一个特别困难的环境，客户在犹豫不决方面的表现和心态甚至更加微妙和棘手。例如，在专业服务行业中，公司的合伙人既是"销售人员"，也是产品本身，因为客户希望购买的是合伙人的专业知识和经验。虽然这种专业知识可能会在提供建议时起到帮助作用，但这些合伙人的销售角色也往往只是兼职的，这自然减少了他们作为销售人员在处理客户犹豫不决方面的时间和精力。更重要的是，这种情况（合伙人既是销售人员又是产品本身）还可能引发我们在第7章中详细讨论过的客户对代理困境问题的顾虑。一方面，如果服务部分依赖来源确切但尚未提供的建议，这恰恰就是代理人对隐瞒关键信息的定义，这会激发客户在购买前进行更多研究以确认主要假设的欲望；另一方面，这些作为销售人员的合伙人的专业水平却又应该有助于限制客户不必要的探索，并提升他们对模糊性的容忍度。

高绩效的解决方案销售人员的一个特点和标志是他们不会"为了追求热闹而做无用功"。正如第3章所讨论的，他们会主动将不合适的机会从他们的销售漏斗中剔除，以便腾出时间专注于那些真正有机会转化的交易。在销售机会的判断上，JOLT销售人员往往超越了传统的与规模大小、权力、预算、时机或"匹配度"相关的标准。

因为深知严重的犹豫不决对于毁掉交易的影响有多大，所以JOLT销售人员会细心留意客户临阵退缩的迹象，并且不会害怕因为察觉出客户犹豫不决的迹象而果断地放弃机会。当然这只占交易的一小部分（如前所述，可能最多占潜在客户的10%~15%），但说明的问题是深刻的：这意味着即使客户表达了购买意向，那些高绩效销售人员也可能会选择放弃。而大多数绩效一般的销售人员对已经表示要购买供应商解决方案的客户是绝不会放手的。但是，JOLT销售人员一旦判断客户是高度犹豫不决的，他们会相应地调整其时间分配，确保时间花在正确的地方，他们深知再强的产品购买欲望也抵不过客户的犹豫不决。因此，他们不会花同样的时间和精力在这个机会上，而是更有可能把它放在次要的位置，甚至完全放弃。这在复杂且周期长的销售中尤其重要。正如我们之前讨论过的一家大型建筑公司的一位领导者告诉我们的那样："在我们这个行业，完成一笔大交易可能需要花费数年时间。花那么多时间在一个犹豫不决、永远不会成交的客户身上，可能会毁掉一个销售人员的职业生涯。"

增加不作为风险的复杂销售行为

接下来我们所研究的是外向型销售对话的第二个重大差异。如前所述，外向型销售活动更多地会发生在网络电话会议之外的场景中。这就是为什么限制探索的行为在这些情况下会呈现出不同的形式，因为客户对于进行漫无边际的探索和好高骛远式收集信息的诱惑可能会通过长达几个月的互动和不同的沟通渠道传递出来。而且，当这些现场销售会议真的发生时，特别是在涉及任何形式的科技行业，人们的预期是，部分或大部分议程会聚焦于产品演示：那个令客户又爱又恨，但又欲罢不能的演示。遗憾的是，当销售人员进入演示模式时，JOLT早就都被抛到脑后了。

为什么会这么说呢？首先，演示更像一次演讲呈现，而不是一次对话。由于不愿打断演示的过程，客户提出反对意见的情况往往比较少。但没有表达出来的反对意见可能会转化为表达不清的犹豫不决，麻痹了触发销售人员使用JOLT技巧的本能反应。这会增加销售人员随时接收客户隐含的不接受信号的难度，这些信号可能表明隐藏在表面之下的犹豫不决。当研究以演示为中心的销售对话时，我们发现顶级销售人员比一般销售人员更有可能停止演示，以了解客户对展示内容的反应，如果他们发现客户有任何犹豫、困惑或不确定的迹象，他们会更深入地挖掘背后的原因。

事实也证明，销售人员在销售更复杂的解决方案时，往往会过度使用"探寻"和"诊断"这两种行为。这样做可能会牺牲销售人员为客户提供他们个人的明确建议的机会，因为销售人员决定不断地遵从客户的需求或愿望，而不是主动提出建议。正如我们已经详细讨论过的，饱受犹豫不决折磨的客户害怕的是采取行动，而不是不作为。把更多的诊断作为一种搁置问题的处理方式，并不能激励人们采取行动。这种方法的无效可以从几个方面在外向型销售对话中观察到。例如，绩效一般的销售人员往往比优秀的销售人员更频繁地表现出探寻行为。但这并不意味着高绩效销售人员不做客户需求诊断，只是他们认为这个行为应该发生在合适的时间和地点，而且要避免过度使用，尤其是在面对非常犹豫不决的客户时。

当不能选择退出时降低风险

对于考虑复杂解决方案的客户来说，排除风险与其他任何环节一样重要，甚至更重要。在过去的采购错误中吃过亏的客户往往会在很长一段时间内背负着沉重的心理包袱。这种包袱往往体现为对案例研究、客户推荐和免费试点的无休止的请求上。绩效一般的销售人员会用投资回报率计算器和任何他们能得到的资料来满足客户的这些要求，而有经验的JOLT销售人员会在采购过程中为客户制定明确的指导方针，并对购买后的结果设定现实的期望值，他们在60%以上的客户互动中都是这样做的。

在复杂的解决方案销售中为客户提供不利风险保护的概念对一些销售人员甚至高层领导来说都很陌生。当我们与外向型的销售团队分享这项研究时，他们的第一反应是认为这在更复杂的采购交易中不可能做到。他们的理由包括"法务部门不会允许退款担保""财务部门不会同意撤销条款"等。尽管如此，每当我们在采访中提出这个问题时，那些有经验的优秀销售人员就会开始回忆起他们用来降低采购决策风险的方法。一个常用的工具是将服务合同附在产品购买合同后面。这听起来非常违反直觉，因为根据定义，在合同中添加服务会使采购成本更高。人们可能会认为，提高价格会增加而不是降低感知风险。但JOLT销售人员认识到，犹豫不决源于对行动的恐惧。它可能是客户的一种非常孤独的状态，他想购买，对产品有需求，但仍然不敢承诺。通过加入服务元素，供应商在整个过程中有义务与客户步调保持一致，这样可以减轻客户对结果不确定的担忧，并最终帮助客户在做决策时不再感到孤立无援。

结论

当我们在研究中将外向型销售对话区分开进行分析，并对比呼入型销售渠道时，就会浮现出一些有趣的差异。例如，与呼入型电话销售同行相比，向客户推销更复杂解决方案的外向型销售人员似乎更习惯于提供建议。外向型销售人员有60%~75%的时间展现出这种行为，而对于呼入型销售人员，这一比例为40%~50%。

但我们发现的差异往往仅限于一些特定行为的相对频率，而不是它们对销售赢率的影响。为什么会这样？因为正如我们在本章前面讨论过的，犹豫不决并不是一个销售模式的问题，它是一个人性的问题。无论是对于简单的呼入型交易环境，还是复杂的长周期外向型的交易环境，犹豫不决都一样会让大批客户深受其扰，因此每个销售人员都需要积极地面对并管理它，无论他们卖什么，卖给谁。

在第11章中，我们将讨论销售组织如何招聘符合JOLT能力要求的销售人员，并通过有针对性的培训和辅导来发展现有销售人员的JOLT技能。

11

第11章

组建具备
JOLT能力的
销售队伍

就像在公司内的大多数其他部门一样，销售领导者可以通过组织调整来解决某些问题。最重要的商机可以由最资深的销售人员专门处理。高净值客户可以转给最擅长促成交易的销售能手。增长潜力最大的客户可以由大客户团队管理。较小的、交易型的采购就交由经验较少的团队处理。通过一些计划和思考，这些问题都可以通过工作的重新设计、销售区域的分配或组织架构的调整等办法来解决。

但是，客户的犹豫不决并不是一个简单依靠组织架构层面的调整就能解决的问题。

正如我们在本书中所讨论的，87%的销售对话中出现了中度或高度的犹豫不决。针对这一问题，公司的领导者在组织层面并没有太多的解决办法，但如果忽视它肯定会使公司因此而承担风险。同时，研究证据也清楚显示，客户需要销售人员考虑人性的因素以帮助他们克服犹豫不决障碍。因此，希望提高销售组织战胜客户犹豫不决的能力的销售领导者实际上只有两个选择：招聘具备JOLT技能的销售人员，或者培养现有销售人员的JOLT技能。

在销售领导者的圈子里，有一种长期存在的倾向，即认为优秀销售人员的才华是天生的。有些人天生就有，有些人则没有。在与世界各地的销售团队合作时，我们多次听到过这种说法。这也是在《挑战式销售》这本书出版后，我们经常被问到的一个问题："挑战式销售是天生的还是后天培养的？"因此，我们猜测很多读者读到这里，也会对JOLT产生同样的疑惑。JOLT行为真的能复制吗，还是说这是优秀的销售人员与生俱来的东西？

想知道一些能力和才华到底"是先天的还是后天的"，这是完全可以理解的。某些人天生就有运动天赋、音乐天赋或写作能力，这是其他人梦寐以求的。销售能力历来都被认为是一种被低估的艺术和科学的组合。那些赞同"天生"这一论点的人可能会直接选择招聘而跳过发展技能，因为他们认为发展技能太困难或不太可能成功。当然，如果招聘已经是一种需求和计划好的活动，那么筛选更有可能拥有JOLT技能的候选人是有意义的。但招聘是需要时间的，而且决策往往会被拖延。团队等待不起，因此针对现有的销售团队提供JOLT技能的培训和辅导是一项绕不开的艰巨任务。

好消息是，JOLT技能是完全可以观察到的，而且比你想象的更容易采用。我们之所以知道这一点，部分原因在于一个简单但基本的事实：销售团队中的一些人员现在已经展现出了JOLT行为。毕竟，如果他们没有展现出这些行为，我们就不会在数据中发现它们。我们并没有凭空创造JOLT行为。我们只不过是在数百万次的销售对话的互动和许多不同的环境中观察到那些出色的销售人员展现出这些行为。与我们交谈过的大多数销售领导者都能立即指出他们团队中那些JOLT销售人员，他们只是从来没有想过要去留意而已。

然而，当我们观察JOLT销售人员时，他们的相对表现往往在具体的JOLT行为上会有差异。例如，一个销售人员可能在"限制探索"方面是世界级的，但在"排除风险"方面则相对差一些。基于研究一线销售行为20年的经验，我们可以告诉你，在评估技能时，这是一种常见的情况。对于个体销售人员而言，交替出现的技能"天际线"、自然分布，以及在不同行为上的表现差异，都是很常见的。因此，即使绩效已经很出色的销售人员也可以通过更刻意、更频繁地在JOLT行为的某些方向的努力来提升自己。然而，在我们从客户犹豫不决的视角来研究销售绩效之前，我们没有办法或能力确定，在客户犹豫不决的情况下，高绩效的销售人员具体在做什么，我们也不明白为什么它是如此必要。

最后一点非常重要。JOLT行为是有目的和使命的。如果客户的恐惧源于对"做错"的根深蒂固的偏见——担心失败，那么销售人员所做的任何加深这种恐惧的事情都会适得其反。正如前面所讨论的，犹豫不决只有在销售人员恰当地处理了客户感知到的这种痛苦时才会得到解决，这种处理足以推动客户走出不采取行动的僵局，也足以减轻客户对采取行动的恐惧。当我们考虑招聘和培养更多的JOLT销售人员时，这教会了我们两件事。首先，销售人员所扮演的角色远远不只是说服。最优秀的销售人员明白，他们的工作在某个时候会从说服转变为激励。销售人员如何看待自己，以及他们在战胜客户犹豫不决中所扮演的角色将在面试和观察中清楚地表现出来。其次，展示出JOLT行为是销售人员的一种选择。"我是在增加还是在减少客户的恐惧？"这是销售人员在每天、每笔交易、每一次谈话中都要做出的选择。这个视角在评估绩效时也可以是一种很有用的方法。

带着这些洞察，让我们更详细地研究如何招聘JOLT销售人员，以及如何在销售团队中培养JOLT技能。

招聘 JOLT 销售人员

JOLT技能与其他技能没有什么不同，如商业头脑、行业知识或销售特定类型产品和服务的经验。所有好的招聘流程都是从一份工作说明开始的。招聘团队必须从那里开始寻找候选人和锁定个人。他们知道，在候选人简历或LinkedIn的个人简介上不会有太多像"我擅长战胜犹豫不决"这样的条目。那么，公司应该如何发现和筛选JOLT技能呢？

一个好的开始是通过对工作说明本身的假设进行压力测试，以及判断组织是否在采用合适的技能和经验对候选人进行筛选。换言之，看看你现在的JOLT销售人员，试着找出他们有什么共同的经历或资历。但是，这样做要注意一点：招聘经理也是人，试图通过成功的、有JOLT能力的销售人员——或者相反，那些不擅长于战胜客户犹豫不决的销售人员——发现他们的行为模式，很容易导致"确认偏差"。确认偏差是指人们偏向于以支持已有观点的方式来寻找或解释事实的倾向。这种现象在商业、政治和社会中普遍存在。例如，如果一位侦探认为一个犯罪嫌疑人是有罪的，那他就会过分重视确认性证据，而忽略了相互矛盾的证据。在制定招聘标准时，确认偏差可能会引起特别的麻烦。不仅传统智慧（例如，"最好的销售人员显然是那些有销售经验的人"或"那些有行业经验的人最适合向我们的客户销售"）会渗透到招聘决策中，更糟糕的偏见也有可能最终导致某种招聘偏好，即使是下意识的（例如，"一种性别比另一种性别更擅长销售"）。

因此，招聘经理需要特别留意自己先前存在的偏见，同时要让数据来说话。即便如此，我们也建议，任何制定招聘标准的工作都只能作为招聘过程中的一种输入，而不能作为谁能得到面试机会（或录取通知书）、谁不能得到面试机会的硬性决定因素。

早期的候选人名单中应该有一些非销售人员作为选择。在哪里可以找到这些人？与我们合作的一家公司告诉我们，他们发现最具JOLT技能的销售人员是那些拥有客户成功经验的个人。"当我们查看评估数据时，最有能力战胜客户犹豫不决的销售人员似乎是那些在客户成功部门工作过的人，或者那些从其他组织带着该领域的经验来到我们这里的人。我们认为，这是由于这些人都有过帮助客户采用我们的产品并将其嵌入他们的内部流程的艰难工作经历，而这种工作经历本质上最终也是要解决客户对于事情会出岔子的担心。"

也许，熟练而自在地使用JOLT技能所需要的经验——充当客户的购买代理人——可以来自许多不同的方面。有人可能会认为，那些拥有更多学科背景的人更容易判断客户犹豫不决的程度。公司里最熟悉产品的人最有可能为客户提供个性化的建议。另一位软件行业的销售领导者告诉我们，她已经看到了越来越多的销售组织在挖客户的人，然后让他们成为销售人员。这在一开始让我们很费解，直到她解释说："以前的客户会被潜在客户视为某一方面的主题专家。因为他们做过客户现在正在做的工作，他们之前作为客户也亲身感受过在这种大型采购之前出现的对失败的恐惧。"事实上，有许多其他职业的工作都需要激励他人采取行动，如顾问、教师、律师和会计师等。

当考虑那些有销售经验的候选人时，一个额外的好处是至少可以把他们过去的销售业绩作为一项参考指标，提示在客户犹豫不决的时候他们会如何开展销售工作。毕竟，在其他环境中表现不佳的候选人不太可能摇身一变，就成为你最好的JOLT销售人员的。但并不是所有的销售环境都是一样的，结合客户犹豫不决这一因素来评估过去的经验可能让你对一些人的看法和结论变得不同。一位研究参与者告诉我们，他们的评估更能揭示应该避免的模式而不是应该招聘的模式："我们的分析最能揭示出，以前的销售经验会如何成为一个真正的决定性因素。在我们的行业中，有几家公司以强硬推销的方法而闻名，我们发现，从这些公司招聘来的销售人员在'客户无行动'交易的流失率方面要比来自其他公司的销售人员高。"

面试仍然是大多数经理用来缩小潜在候选人范围和挑选最终候选人的主要途径。因此，这些面试至少应该考虑测试和讨论涉及客户高度犹豫不决时的例子。面试官应该要求候选人提供当客户在后期临阵退缩时，他们典型的应对方法的细节。鼓励候选人分享他们在工作或个人生活中的故事——关于他们如何激励别人采取行动，即便是当那个人犹豫不决时。或者询问他们是如何根据决策功能障碍来预测一笔交易的（读者可以从JOLT Effect网站下载JOLT面试指南样本）。

但在面试环境中模仿客户的情绪显然是困难的。在所有条件都相同的情况下，最好是直接观察候选人克服犹豫不决障碍的能力和意愿。这种类型的观察在过去比现在困难得多。现在，许多销售互动都被记录下来，可以很容易地分享。当然，候选人出于隐私方面的考虑可能会不愿意与招聘经理分享过去的互动，但面试过程应该都包括模拟销售对话或角色扮演。那些比较超前的组织会记录这些面试，然后分析这些候选人如何处理各种犹豫不决的情况。

进入最终面试的候选人通常会被要求完成一项雇用前评估，以测试特定的认知能力或性格特征。一些公司会在招聘流程的更早阶段部署这样的评估，将其作为考虑任何面试请求之前的初步筛选。雇用前评估可能很有价值，但往往过于看重智力能力。其实，对JOLT销售人员的招聘决策也需要考虑候选人的情商。优秀的JOLT销售人员应该既能很好地理解和通晓事实，也有足够的情商理解客户的恐惧。

接下来，让我们看一下应该如何在现有销售团队中发展JOLT技能。

发展 JOLT 技能

任何形式的行为改变都是困难的。我们过去的经验可能会成为一种阻碍，特别是当这些经验是由数周或数月的销售培训加上数年的观察、试错所形成的时。同时，个性也会影响销售的本能反应和改变的意愿。以限制探索为例，一些销售人员由于他们从小的文化教养，可能会让他们本能地担心，像合作式重叠这样的方法会让人感觉很失礼。

同时，让客户摆脱犹豫不决还取决于每个销售人员每天做出的选择，也就是说，他们的努力在多大程度上是为了增加或减少客户的恐惧。当然，这么说倒不是因为我们对技能本身感觉多么陌生。毕竟，我们都是人，我们大多数人在个人生活的不同阶段都曾向别人推荐过一家餐厅、一部热门电视剧或一定数量的产品。父母也会告诉你，他们也曾经限制过自己孩子的探索，在问题发展得太漫无边际之前就把它结束了。同样，退款保证和免费试点也是相对常见的，旨在解决客户的犹豫不决。

所以，基本的JOLT技能对大多数人来说并不陌生。但对于专业销售人员来说，他们很可能觉得违背本能和直觉。大多数团队都有太多的销售人员只依赖于增加客户的恐惧和改变现状。这是他们最熟悉和使用得最顺手的工具和手段。这种情况并非偶然，几十年来，一遍又一遍地为现状而跟客户讨论的本能已经被融入了销售的正统观念中，而且销售方法和培训项目每天都在强化这一点。一线的销售经理也在推动旨在帮助客户成功的流程和实践方面发挥着重要作用——这些流程和实践由投资回报率计算器、案例研究、价值故事等层层支持——而不是帮助客户避免失败。从目前的情况来看，大多数绩效一般的销售人员只会继续做他们一直在做的事情。

不过，好消息是采用JOLT并不意味着必须抛弃现有的销售方法。没有其他方法能真正解决客户的犹豫不决和对失败的恐惧。所以，如果你的团队因为客户没有采取行动而失去了很多交易，无论目前你们在采用哪套销售方法，你都可以把JOLT看作对你现有销售方法的助推器。添加JOLT元素并不会重复你当前的销售方法，也不会破坏已经提供给团队的指导和培训。相反，它会成为销售人员工具集里的一个新工具——一个专门为他们从未被告知存在的销售领域而构建的工具，更不用说教他们如何管理了。

但是，如果没有JOLT助推器会发生什么呢？答案是，即使在你被选为首选供应商之后，你仍然可能会继续失去太多本来可以成交的交易。在JOLT之前，没有一种销售方法，不管多么成熟可靠，会真正考虑客户犹豫不决的影响。这些销售方法可能会提供出色的技巧来打破现状，并向客户展示可以如何通过新的方式来取得成功，但这些销售方法同样忽略了一个事实，即战胜犹豫不决更多的不是为了向客户证明他们会赢，而是为了让客户相信他们不会输！

那销售经理在塑造和指导客户成功行为方面会扮演什么样的角色呢？这些人可都是在一定程度上通过自己的能力向客户推销变化而获得晋升或聘用的。就像一线销售团队一样，一些经理已经经常使用JOLT技能了。但同样也像一线团队一样——部分原因是，并非所有的销售经理都一定在JOLT行为方面做得很好，还有很多销售经理会本能地强化老一套的流程，强调要打破现状，唤起客户对不购买产生的后果的恐惧。

销售经理要理解为什么JOLT如此重要，并且每天都要努力推动这些行为和技巧的应用，这绝对是非常关键的。首先，他们通常负责汇总销售预测，他们是最适合在交易早期对犹豫不决的程度进行压力测试，或者观察销售人员在客户犹豫不决的情况下能力表现的人。销售经理是公司的最后一道防线，以确保销售人员在决定一个机会的取舍时要考虑到客户的决策功能障碍这一因素。遗憾的是，销售经理经常默认把时间花在辅导绩效表现最好或最差的员工身上，认为这是他们能挤出最大增量提高绩效的领域。但是，犹豫不决对于绩效一般的销售人员来说是最麻烦和伤害性最大的，他们可能变得盲目和"只听好的一面"，被一个貌似准备购买的客户搞得过于兴奋。这时候销售经理就很重要了，在适当的情况下，他们需要轻踩刹车并对这些交易进行压力测试（见JOLT Effect网站提供的JOLT辅导问题集）。而且，一线的销售经理通常也具备一定的地位，他们往往被赋予在交易条款上发挥创造力的权力，这可能会有助于排除风险。

技术可以帮助销售经理大规模地观察行为，并衡量团队中不同程度的JOLT行为。一个团队成员可能感觉判断客户的犹豫不决程度特别困难，而另一个团队成员可能在主动提供建议方面需要更多的帮助。认识到这些差异并相应地进行辅导，将有助于销售人员在下一次对话或销售互动中对不同的JOLT行为做出正确的选择。

通过召开团队会议，可以帮助找到限制客户探索或降低决策风险的新方法。团队的组织方式也可以加快想法的分享。例如，T-Mobile发现，组织具有跨职能专业知识的客户团队很有用，这些团队按城市排列，但分配给一组明确的客户。其他的销售机构会定期举办经理与经理之间的交流会议，这些经理可以在会上分享想法和观察。毫无疑问，这样的平台将有助于团队成员创造性地构想最佳销售人员是如何采用JOLT行为帮助客户战胜犹豫不决的。

结论

　　客户的犹豫不决是不可避免的。因此，销售领导者必须找到一种方法来提高团队消除客户对失败的恐惧的能力，并采用更多的JOLT行为。尽管需要时间来完成，并且有自己的一些不足，但通过招聘获得这些技能是一个可行的选择。但绝大多数的改善将来自发展现有销售团队的技能，尽管在这个过程中需要不断地改变销售人员经过多年传统的销售培训和辅导所形成的本能和固有认知。